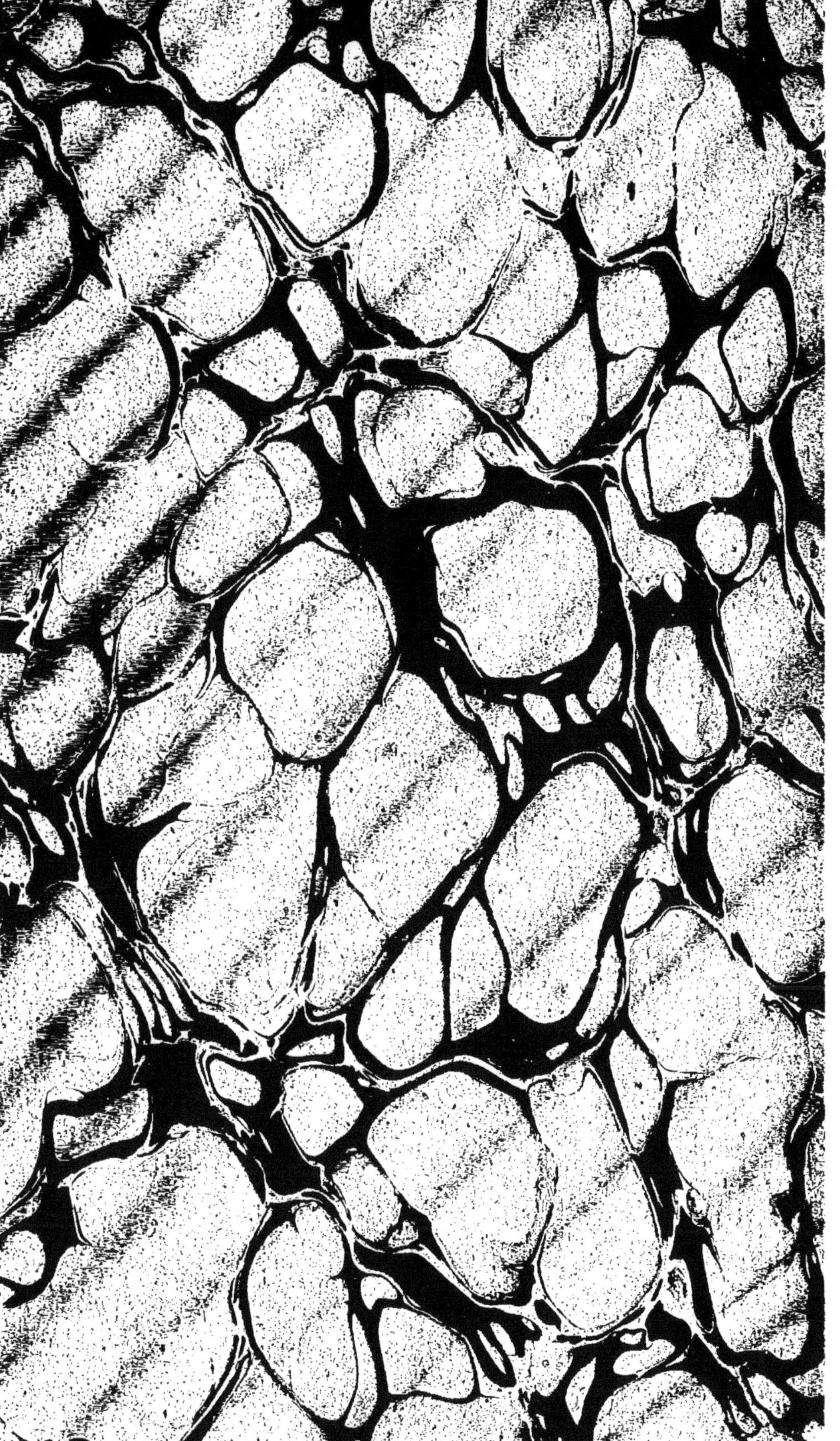

1793-1805

LETTRES

D'UN

CHEF DE BRIGADE

33e DE LIGNE

65e ET 68e DEMI-BRIGADES — 56e DE LIGNE

PUBLIÉES ET ÉCLAIRCIES

Par M. A. D'HAUTERIVE

CAPITAINE AU 124e DE LIGNE.

« Au fond il n'y a de véridique, si quelque chose l'est entièrement, que la correspondance intime et confidentielle. »
(V. COUSIN).

PARIS

LIBRAIRIE MILITAIRE DE L. BAUDOIN ET Cie

IMPRIMEURS-ÉDITEURS

30, Rue et Passage Dauphine, 30

1891

LETTRES

D'UN

CHEF DE BRIGADE

PARIS. — IMPRIMERIE L. BAUDOIN ET Cᵉ, 2, RUE CHRISTINE.

1793-1805

LETTRES
D'UN
CHEF DE BRIGADE

33e DE LIGNE

65e ET 68e DEMI-BRIGADES — 56e DE LIGNE

PUBLIÉES ET ÉCLAIRCIES

Par M. A. D'HAUTERIVE

CAPITAINE AU 124e DE LIGNE.

« Au fond il n'y a de véridique, si quelque chose l'est entièrement, que la correspondance intime et confidentielle. »
(V. COUSIN).

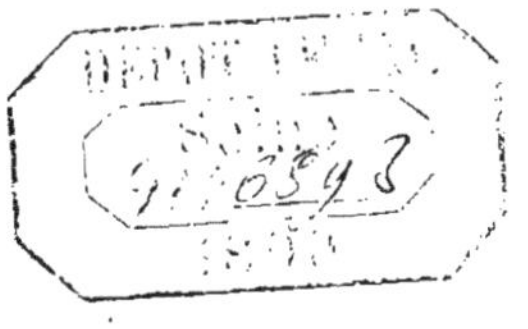

PARIS
LIBRAIRIE MILITAIRE DE L. BAUDOIN ET Ce
IMPRIMEURS-ÉDITEURS
30, Rue et Passage Dauphine, 30

1891

AVERTISSEMENT.

Une heureuse rencontre nous a mis en possession des papiers du chef de brigade Alexandre Boutrouë, mort comme colonel du 56e régiment de ligne, le 4 décembre 1805, à l'âge de 45 ans.

Cet important dossier militaire comprenait ses lettres de famille, ses états de services, titres et brevets, plusieurs registres de correspondance, une quantité de lettres de généraux et de fonctionnaires, des documents de toute nature, dont les plus intéressants figurent aux pièces justificatives.

Le correspondant le plus habituel du chef de brigade Boutrouë était son frère Stanislas, membre de la Convention nationale. Après le décès du colonel Boutrouë à l'hôpital de Vérone, où il avait eu à subir deux amputations, tous ses papiers, recueillis par sa femme, furent remis à l'ex-conventionnel, qui les conserva précieusement, et les réunit aux lettres qu'il avait reçues de son frère Alexandre pendant sa courte carrière militaire.

Ce sont ces lettres qui forment la première partie de notre publication.

Les lettres de la seconde partie présentent un tout autre caractère. Nous les avons extraites des registres-minutes où le colonel Boutrouë inscrivait sa correspondance journalière de service pendant la période de paix qui précéda et suivit le couronnement de Napoléon. Ce n'est plus l'enjouement et l'abandon d'un frère qui raconte à son aîné et « meilleur ami » les joies et les misères de sa vie militaire ; c'est le chef, ferme et paternel à la fois, qui veille aux besoins multiples de cette autre famille qui s'appelle le régiment, s'attachant à pénétrer chacun de ses devoirs comme à répartir justement les récompenses.

On trouvera, croyons-nous, une certaine saveur à tous ces petits détails de la vie régimentaire, à une époque plus connue par ses côtés brillants que par ceux où la légende tient moins de place.

Avant de parcourir ces lettres, dont l'authenticité est indiscutable, le lecteur s'intéressera sans doute à quelques notes biographiques sur le colonel Boutrouë et sur son « frère et ami » Stanislas.

Laurent-Martial-Stanislas Boutrouë, né à Chartres, le 11 mars 1757, mourut à Gréez, près La Ferté-Bernard, le 28 février 1816, sous le coup d'une condamnation au bannissement en exécution de la loi, dite d'amnistie, du 12 janvier 1816, comme ancien régicide.

Fixé à Gréez, en qualité de notaire, Stanislas Boutrouë avait été nommé, en 1790, membre du district du département de la Sarthe. Il présidait même ce conseil, lorsqu'en 1792, il fut élu député à la Convention nationale, où il vota la mort de Louis XVI et fit partie des comités permanents d'instruction et salut publics. Il avait pris l'habitude, pendant l'exercice de ces fonctions, d'adresser à son frère, alors à l'armée du Rhin, au fur et à mesure de leur promulgation, tous les décrets de la Convention qui étaient de nature à l'intéresser comme militaire. L'envoi de ces primeurs révolutionnaires flattait beaucoup le jeune officier; il s'empressait, aussitôt leur réception, d'en faire part à ses chefs, et n'était pas fâché, sans doute, de leur rappeler ainsi l'appui qu'il comptait au sein du terrible Comité de salut public. Nous avons retrouvé un certain nombre de ces décrets originaux dans les papiers du colonel.

Lorsque la Convention fut dissoute, Stanislas Boutrouë revint dans sa commune. Envoyé plus tard au Conseil des Cinq-Cents, son élection ne fut pas validée. Le dernier emploi public qu'il occupa fut celui de président du canton de Montmirail sous l'empire de la Constitution de l'an III.

Son frère cadet, Jules-Alexandre-Léger Boutrouë, l'auteur des lettres que nous publions, est né aussi à Chartres, le 20 avril 1760. Entré au régiment de Rohan-Soubise Infanterie, il y servit, comme soldat, pendant les années 1778, 1779 et 1780, dans la compagnie de l'Église. Il en sortit avec son congé en 1780 et travaillait chez un notaire, au moment de la révolution de 1789.

Aide-major dans la garde nationale de La Ferté-Bernard, puis capitaine de chasseurs de la garde nationale du Mans, il partit comme volontaire quand la guerre parut imminente, et fut nommé capitaine de volontaires au 1er bataillon de la Sarthe, le 3 septembre 1791. Dès le mois de janvier suivant, il passa sous-lieutenant au 33e régiment d'infanterie, ci-devant Touraine, et fut nommé lieutenant au même régiment, le 15 juin 1792. Il parvint successivement au grade de chef du 1er bataillon du Mont-Terrible (27 frimaire an II) et de chef de la 65e demi-brigade, devenue la 68e (27 floréal an II).

Blessé et fait prisonnier à l'attaque de Kehl, à la fin de l'an IV, il fut peu après échangé. Il tomba de nouveau aux mains de l'ennemi à la bataille de Novi, le 28 thermidor an VII, en protégeant intrépidement la retraite de l'armée.

Devenu colonel du 56e régiment de ligne, le 7 brumaire

an XII, nommé chevalier, puis officier de la Légion d'honneur, il reçut en même temps le commandement du 2e régiment de grenadiers d'élite (réserve de l'armée d'Angleterre).

Sa dernière campagne fut celle de l'an XIV à l'armée d'Italie, sous les ordres de Masséna. Le 9 brumaire, après trois jours de combat autour de Caldiero, le colonel Boutrouë eut une jambe emportée par un boulet; il commandait la 1re brigade de la 2e division, en remplacement du général Brun, mortellement blessé, le deuxième jour de cette sanglante bataille. Transporté à Vérone, le brave colonel du 56e y mourut le 13 frimaire (4 décembre 1805), à la suite de deux amputations. Il avait 45 ans et était le plus ancien colonel de l'armée.

Le colonel Boutrouë fut chargé, dans sa courte carrière, de plusieurs commandements importants : opérations contre Philipsbourg en l'an IV, commandement de la place de Turin en l'an VII et en l'an XIII, etc. Il se distingua plusieurs fois sur le champ de bataille, ainsi que le constatent ses états de services que nous faisons figurer en tête des pièces justificatives (1).

Les petits faits relatés dans cette correspondance ne constituent assurément que des documents de second ordre ; nous avons cru bien faire néanmoins en essayant de les sauver de l'oubli. Le Tribunal de l'Histoire doit accueillir toutes les dépositions, depuis les galants bavardages des femmes en vue qui, sous prétexte de Mémoires, entretiennent le public de leurs succès d'esprit et de beauté jusqu'aux œuvres magistrales des grands hommes de guerre.

---

(1) Voir P. J., n° 1.

Plus modestes, les personnages secondaires doivent aussi être écoutés, surtout quand ils s'expriment avec franchise, sincérité et bonne humeur, comme l'auteur des lettres que l'on va lire.

Juillet 1890.

PREMIÈRE PARTIE

LETTRES DU COLONEL BOUTROUË

AU

CONVENTIONNEL BOUTROUË

SON FRÈRE.

1

Camp d'Oberville (Oberweil), près Reinach, département du Mont-Terrible (1), le 15 avril 1793, l'an 2e de la République française.

Alexandre Boutrouë, lieutenant au 33e régiment d'infanterie, à son frère, membre de la Convention nationale, à Paris.

Mon cher ami,

Depuis dix jours nous sommes campés à Oberville. Nous formons l'avant-garde de notre armée (2). Notre position est très bonne. Nous défendons les gorges du Mont-Terrible. A notre droite est le canton de Soleure et devant nous celui de Bâle. Il y a, à notre gauche, un camp à Hœsingen et ces jours-ci on va en former un autre à Reinach.

Nous sommes bien décidés à défendre le poste important qu'on nous a confié.

Les Suisses, à qui je ne me fie pas, vont former un camp entre le nôtre et celui des Impériaux pour s'opposer, disent-ils, au passage des Autrichiens; ils veulent conserver la neutralité qu'ils nous ont promis d'assurer. Nos grand'gardes sont placées aux poteaux qui nous séparent d'avec eux et je t'assure que nous les observons bien. Nos patrouilles se rencontrent toutes les nuits, et quand l'une passe ses limites, l'autre l'avertit de se retirer sur son territoire.

---

(1) Territoire du prince-évêque de Bâle, réuni à la France en 1792.

(2) Extrême aile droite de l'armée du Rhin, Dietmann commandant en chef.

Le général Custine arrive demain ici; nous ne savons pas ce qu'il vient faire (1). Dans ce moment, c'est le général Déprécassier qui nous commande; il n'a pas notre confiance.

J'ai reçu ta lettre et les décrets de la Convention nationale que tu m'as envoyés. Je les reçois toujours avec plaisir. Le premier (2), concernant les officiers et les soldats revenant de l'armée, ne nous avait pas encore été communiqué. Du reste, n'étant, pour le moment, ni malade ni blessé, je ne pense pas à m'absenter du corps. Quant aux autres décrets, relatifs au ci devant général Dumouriez (3), nous les connaissions déjà, à l'exception de l'adresse de la Convention à l'armée de Belgique. Notre colonel l'a communiquée le jour même à la troupe, bien que nous ne fassions pas partie de cette armée, et il a flétri le conspirateur.

Dans ma dernière lettre, je te mandais que j'avais été obligé de rentrer à Porentruy quelques jours après le départ de notre régiment et que nous devions aller à Delemont. Le régiment a reçu contre-ordre en route pour venir camper ici.

Je t'ai envoyé vingt francs en assignats; tu voudras bien me réabonner pour six mois à mon journal (4). Il y a longtemps que je n'ai reçu de nouvelles de Duhamel. Tu m'as dit, je crois, qu'il avait été fait prisonnier; a-t-il réussi à se faire échanger? Je ne sais pas non plus ce qu'est devenu mon ancien bataillon de volontaires de la Sarthe depuis l'évacuation de la Belgique.

Adieu, mon cher ami, je t'embrasse de tout mon cœur et suis bien sincèrement ton frère et ami.

---

(1) C'était une simple tournée d'inspection que le commandant en chef de l'armée de Rhin-et-Moselle faisait de sa ligne, de Bâle à Thionville. A la suite de cette inspection, il sollicita sa mise à la retraite; mais le gouvernement n'accueillit pas sa demande, et l'envoya en Flandre prendre le commandement de l'armée du Nord.

(2) P. J., n° 2.

(3) P. J., n°s 3, 4, 5 et 6.

(4) *Le Républicain*, dont les bureaux de rédaction étaient installés rue de l'Université, n° 139 ou 926, comme l'indiquent les quittances d'abonnement.

LIBERTÉ, ÉGALITÉ,
FRATERNITÉ, OU LA MORT.

2

Du camp d'Hœsingen, le 22 mai 1793, l'an 2e de la République française.

J'ai reçu ta dernière lettre, mon bon ami, où tu me parles des individus dont la République vient de se débarrasser (1). J'en suis bien aise et je t'en félicite ainsi que le Comité de Salut public.

Il y a huit jours que nous avons quitté le camp d'Oberville pour nous rendre à celui d'Hœsingen, qui est actuellement composé de 10,000 hommes environ. Le général Beauharnais (2) vient de prendre le commandement à la place de Déprécassier qui est, dit-on, demandé à Paris pour y rendre compte de sa conduite. Est-ce vrai? tu dois en savoir quelque chose.

Je te dirai, mon bon ami, que ce dernier vient de me faire assigner devant le juge de paix d'Huningue. Tu dois bien t'imaginer comme je vais l'arranger. Toute l'armée, dont il n'a

(1) Il est assez difficile de préciser à quelle mesure il est fait ici allusion. Le Comité de sûreté générale et le Comité de salut public commençaient alors à multiplier leurs redoutables arrêts. Le conventionnel a dû citer de préférence à son frère des noms de généraux, probablement ceux de Harville et Bouchet, Stengel et Lanoue, traduits devant le tribunal révolutionnaire pour leur insuccès à Namur et Aix-la-Chapelle, celui aussi du confident de Dumouriez, Miaczinski, décapité à cette époque, etc.

(2) Décapité deux mois après, pour n'avoir pas réussi à débloquer Mayence.

jamais eu la confiance, rit beaucoup de cette assignation. Aussitôt que j'aurai comparu devant le juge, je t'écrirai le résultat. Sans doute Déprécassier a oublié que l'an dernier (1) notre régiment a fait destituer deux généraux : d'Aiguillon (2) et Martignac, et que c'est moi qui ai arrêté ce dernier lorsqu'il se disposait à passer à Bâle.

Tu sais que tous les officiers des ci-devant troupes de ligne doivent être habillés en bleu pour le 17 juin. Comme dans ce pays-ci nous n'avons pas de drap bleu, tu me feras plaisir d'aller chez un marchand, honnête homme, et de lui demander ce qui suit :

2 aunes 1/3 de drap bleu foncé, teint en laine, du prix de 40 à 42 francs l'aune ;

1/4 de drap écarlate, de 45 à 50 francs l'aune ;

1/4 de drap blanc, de 36 à 40 francs l'aune ;

3 aunes de voile blanc pour doublure ;

2 aunes de futaine de coton pour les manches et le dos.

Tout ceci est pour me faire deux habits. Si je me trompais de quelque chose, le marchand aurait la bonté d'y suppléer. Si, pour avoir du beau et du bon, il fallait passer de quelque chose les prix ci-dessus, tu pourras le faire. Enfin, je m'en rapporte bien à toi. Je t'envoie la somme de cent soixante livres qui, je crois, peut suffire à payer cette emplette.

Les décrets de la Convention nationale des 16 et 26 avril (3) ont été lus et commentés à la troupe. Les soldats sont contents et pleins de confiance.

Si tu vois l'abbé Lémane et Rougemont, députés du département du Mont-Terrible, tu leur diras bien des choses pour moi.

J'ai reçu des nouvelles de Porentruy ; on me dit que l'on pense toujours à moi pour la place de commandant du bataillon qu'ils vont former sous peu.

Adieu, mon ami, je t'embrasse de tout mon cœur ainsi que ma sœur.

---

(1) A la fin d'avril 1792, le 33e de ligne avait coopéré à la prise des gorges de Porentruy où les Autrichiens s'étaient établis à la demande du prince-évêque de Bâle.

(2) Le duc d'Aiguillon qui, l'année précédente, avant d'émigrer, avait remplacé un moment Custine dans le commandement de l'armée.

(3) P. J., nos 7 et 8.

3

Du camp d'Hœsingen, le 13 juin 1793, l'an 2e de la République française.

Je te fais passer, mon bon ami, mes états de service pour mon brevet. Ces nouveaux brevets sont sur parchemin et au nom du Peuple français. N'oublie pas mes services comme capitaine des volontaires de la Sarthe, dont je t'envoie le certificat (1).

Je ne sais pas si tu reçois toutes mes lettres, car on en intercepte beaucoup venant de l'armée. Les 190 francs en assignats que tu m'as annoncés ne me sont toujours pas parvenus; ils auraient dû cependant m'arriver en même temps que l'exemplaire du décret du 23 mai que tu m'as envoyé. Cette adresse de la Convention nationale (2) a enflammé les soldats.

Il nous arrive tous les jours des déserteurs autrichiens. On leur fait entendre, nous disent-ils, que nous les pendons dès qu'ils mettent le pied dans nos lignes, mais ils voient bien qu'on leur en impose. Je crois que, quand ils auront connaissance des derniers décrets de la Convention nationale, ils viendront en bien plus grand nombre encore.

Adieu, je t'embrasse et suis ton ami.

4

Strasbourg, le 16 nivôse l'an 2e de la République française, une et indivisible (5 janvier 1794).

Alexandre Boutrouë, chef du 1er bataillon du Mont Terrible, à son frère, membre de la Convention nationale, à Paris.

Mon cher ami,

Depuis trois semaines je t'ai écrit plusieurs lettres; il paraît que tu ne les reçois point puisque tu n'y réponds pas.

---

(1) P. J., nos 9 et 10.
(2) P. J., n° 11.

Dans la première, datée du 25 frimaire, je te disais que les représentants du peuple, à la demande du bataillon du Mont-Terrible, m'avaient nommé chef de ce bataillon (1).

Dans une autre lettre, datée de Porentruy, je te faisais la demande d'une paire d'épaulettes de chef de bataillon en or. Il y avait aussi une lettre pour mon père.

Si tu reçois celle-ci, réponds-moi à Neuf-Brisack, où est mon bataillon.

Adieu, je t'embrasse ainsi que ta femme.

P. S. — Je suis ici pour les besoins de mon bataillon. Tu me diras sur quelle place publique on doit ériger le monument du Peuple (2).

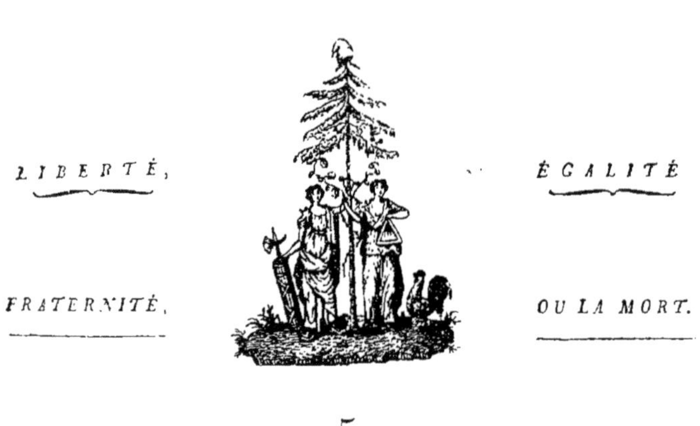

5

De Neuf-Brisack, le 30 nivôse, 2e année de la République française, une et indivisible (19 janvier 1794).

Mon cher ami,

J'ai reçu deux de tes lettres. Tu m'annonces, dans l'une, trois

---

(1) Division Méquillet.

(2) Boutronë fait ici allusion au décret de la Convention du 27 brumaire an II, que nous avons retrouvé dans ses papiers. Il ne l'avait sans doute pas lu avec grande attention, car l'article 8 de ce décret spécifie bien que le monument qui consacre le triomphe du peuple français sur la tyrannie et la superstition « sera placé à la pointe occidentale de l'île de Paris ». (Voir P. J., n° 12.)

aunes de drap bleu et mes épaulettes en or, ét tu me demandes s'il en faut deux; tu dois pourtant savoir que les chefs de bataillon portent une seule épaulette à *corde de puits* et une contre-épaulette. Dans une lettre de Porentruy, je t'expliquais tout cela et je te demandais aussi mon brevet et mon certificat de civisme que tu as chez toi. Tu voudras bien me l'envoyer le plus tôt possible, parce qu'étant plusieurs chefs de bataillon, le plus ancien de service commande les autres et qu'il faut produire ses services pour obtenir le commandement.

Je reçois mes journaux.

Que fait donc l'ami Rouault à Paris? Est-ce que l'envie ne lui prendra pas bientôt de servir sa patrie comme militaire? S'il se décidait, il peut venir se ranger sous le drapeau du Mont-Terrible. Tu lui diras bien des choses de ma part; engage-le à m'écrire, car bien qu'éloignés l'un de l'autre, nous n'en sommes pas moins amis.

J'attends tous les jours le représentant du peuple et l'adjudant général chargé de l'encadrement de la première réquisition qui doit entrer dans nos bataillons. Lorsqu'ils arriveront, j'enverrai au devant d'eux mes musiciens qui leur joueront la *Carmagnole* et *Ça ira*. Je dois bien cela à Lémane, qui a tout fait pour mon bataillon, car aucun de la République n'est mieux armé ni habillé, et puis moi, particulièrement, je lui dois beaucoup pour mon avancement.

Adieu, mon cher ami, je t'embrasse ainsi que ta femme et ma nièce.

P. S. — Les soirées me devenant pénibles à passer depuis le départ de deux de mes amis, j'ai pris parti dans un club républicain de la ville, le club de *l'Egalité*. Mon civisme ne s'éteindra pas dans ce sanctuaire sacré de la liberté.

6

De Neuf-Brisack, le 18 pluviôse, 2e année de la République française, une et indivisible (6 février 1794).

Mon cher ami,

J'arrive de Strasbourg où je suis resté dix jours pour les besoins de mon bataillon.

J'ai vu Lémane; il a passé en revue mon bataillon Terrible. Il a été très content de sa tenue et de son instruction; aussi j'espère que sous peu ton frère cadet ira avec ces lurons-là brûler la moustache aux Autrichiens.

J'ai reçu mon drap, mes épaulettes en or, mes brevets, 425 livres en assignats et tes lettres. Je te remercie de ta peine et suis content du tout.

Je crois que je vais me brouiller avec ma maîtresse de Ferrette (1). Son père est en arrestation pour aristocratie et ses deux frères sont émigrés. Ainsi, juge si Boutrouë le républicain voudra s'allier avec une pareille famille! J'ai pourtant reçu aujourd'hui une lettre bien tendre de ma future, mais il n'y a ni tendre ni dure, il faut y renoncer. J'en suis fâché pour elle et pour moi, car elle est belle, caressante et aime le plaisir.

Adieu, je t'embrasse ainsi que ta femme et ma nièce.

7

De Neuf-Brisack, le 26 ventôse l'an 2e de la République française, une et indivisible (16 mars 1794).

J'ai reçu avec plaisir, mon cher ami, ta lettre en date du 18 de ce mois.

Je suis bien content de ce que tu as écrit pour moi au général. Le citoyen qui te remettra ma lettre s'appelle Rifflet, chef de

---

(1) Bourg situé entre Delemont et Altkirch.

brigade du 21e régiment de cavalerie. C'est mon ami. J'espère qu'à ce titre tu voudras bien lui faire bon accueil. Il te remettra aussi une lettre du citoyen Méquillet (1), notre général de division, en réponse à la tienne.

Tu me feras plaisir de m'acheter une aune de beau et bon drap bleu dans le prix de 40 à 50 livres et trois aunes de doublure blanche. Je ne voudrais pas de *voiles*. Je ne sais pas au juste comment on appelle cette autre étoffe-là, mais le marchand saura bien ce que je veux dire. Pourvu que ce soit fin et bien blanc, voilà tout ce que je désire. Je voudrais aussi un quart de drap écarlate dans le prix de 70 à 80 livres. Tu voudras bien m'envoyer le tout le plus promptement possible, car je me trouve dans ce moment-ci réduit à une seule culotte de drap. Je n'ai pu me faire habiller avec le drap bleu que tu m'as envoyé, faute d'avoir du drap blanc et de la doublure. Tu me feras le mémoire de ce que je te dois.

Adieu, mon cher ami, je t'embrasse ainsi que toute ta *génatrée* (2).

P. S. — Nous allons avoir à Neuf-Brisack le 2e bataillon d'Eure-et-Loir. Le chef est de Châteaudun, il s'appelle Sévin ; le chef en second est de Chartres, il s'appelle Lefebvre-Pinguet. C'est avec lui que je me suis engagé. J'y retrouverai aussi beaucoup d'autres jeunes gens de Chartres et de la Beauce.

J'ai toujours oublié de te demander ce qu'était devenu le citoyen de la Haye (3) de Montmirail.

Tu ne manqueras pas de me faire connaître le résultat de tes démarches auprès du ministre de la guerre. Pour moi, je reste fort tranquille et suis sûr d'être confirmé dans mon grade (4).

(1) P. J., nº 13.
(2) Expression du pays chartrain.
(3) Plus tard représentant du peuple au Conseil des Cinq-Cents.
(4) P. J., nº 14.

Boutrouë fut nommé chef de brigade le 22 floréal suivant et reçut le commandement de la 65e demi-brigade qui venait d'être constituée par l'amalgame de deux bataillons de volontaires (1er bataillon du Mont-Terrible et 3e bataillon de la Gironde) et d'un bataillon de l'ancienne armée (1er bataillon du 33e régiment d'infanterie). Il conservait ainsi sous ses ordres son bataillon du Mont-Terrible et retrouvait le bataillon du 33e où il avait servi comme sous-lieutenant et lieutenant, et fait les campagnes de 1792 et 1793.

Il n'a pas dû manquer de faire part à son frère de son avancement et de la satisfaction bien légitime qu'il avait éprouvée en se voyant replacé à la tête de ses anciens compagnons d'armes. Malheureusement sa correspondance jusqu'à la fin de l'an II n'a pu être retrouvée.

Cette lacune regrettable n'est interrompue que par une lettre de service du représentant du peuple Rougemont, en date du 22 floréal an II (11 mai 1794) et un certificat de civisme du 5 messidor an II (23 juin 1794), délivré par le conseil d'administration de la 65e demi-brigade à son chef (1).

La 65e demi-brigade, brigade Lambert, placée sous les ordres de Gouvion Saint-Cyr, 2e division (2) de l'armée du Rhin (Michaud, général en chef), prit une part glorieuse aux succès remportés sur les Prussiens aux affaires de Schänzel (13 juillet) et Kürweiler (14 juillet).

Nous la retrouvons dans la lettre suivante, à la bataille de Kaiserslautern.

---

(1) P. J., nos 15 et 16.

(2) La 65e demi-brigade appartint aussi, mais pendant très peu de temps, à la 4e division, général Frientzhols.

LIBERTÉ, ÉGALITÉ

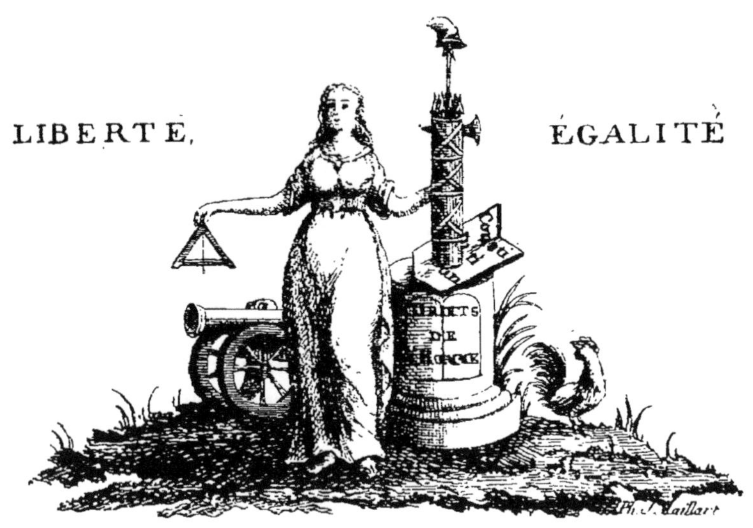

FRATERNITÉ.

8.

ARMÉE DU RHIN.

—

AVANT-GARDE.

Deidesheim, le 14 vendémiaire, l'an 3e de la République française, une et indivisible (6 octobre 1794).

Le citoyen Boutrouë, chef de la 65e demi-brigade d'infanterie, à son frère, député à la Convention nationale.

J'ai reçu, mon cher ami, ta lettre datée de Chartres. Tu me demandes pourquoi je n'ai pas accusé réception à mon père de toutes ses lettres. Jè n'en ai reçu qu'une, comme je l'ai mandé à ma sœur dans ma lettre du 30 fructidor, et encore ne m'est-elle parvenue que près de deux mois après sa date.

Depuis le 30 fructidor, nous avons eu plusieurs affaires avec l'ennemi. Le premier jour des Sans-Culottides, notre gauche fut attaquée, et la lâcheté d'une demi-brigade (1) força l'armée de

(1) La 14e. Ce fait est signalé par Gouvion Saint-Cyr, dans sa relation de la

se retirer et d'abandonner la position de Kaiserslautern. Notre division fut obligée, de crainte d'être coupée par les gorges, de prendre les hauteurs en arrière de Neustadt; mais, deux jours après, l'ennemi reçut une belle frottée : notre gauche put reprendre sa première position et nous nous portâmes une lieue en avant de Muschbach (1), où l'ennemi fut battu par notre division et poursuivi par la cavalerie.

Depuis quatre jours nous avons réoccupé notre position de Deidesheim, d'où je t'écris. Nous n'y resterons sûrement pas longtemps. L'ennemi est à moins de deux lieues de nous et il reste une lettre de change à acquitter par l'armée du Rhin.

Mayence, Coblentz, Worms et Manheim seront à nous sous peu. Les troupes brûlent d'impatience de prendre leurs quartiers d'hiver dans ces villes.

Il s'est tenu ces jours derniers, à Neustadt, un conseil de généraux où étaient les représentants du peuple. Quoique rien n'ait transpiré, nous pensons bien que le résultat sera de faire passer le Rhin à ces messieurs. D'ailleurs, les pièces fortes qui nous arrivent tous les jours nous démontrent bien que c'est pour faire un siège.

---

bataille de Kaiserslautern : « Dans la nuit du 16 au 17 septembre, Blücher attaqua la 14e demi-brigade qui formait la droite de Desgranges. Cette troupe surprise d'une attaque aussi brusque au milieu de la nuit, et ayant perdu dans la première décharge le citoyen Morisot, son chef de brigade, ne fit qu'une très faible résistance et se retira sur Weidenthal; la 186e, qui occupait Hertlingshausen, voyant sa droite découverte par la retraite de la 14e, se retira aussitôt sur Franckenstein. Le général Schaal, qui se trouvait à la droite de Desgranges, après avoir contenu quelque temps l'ennemi, finit par se retirer sur Hartenburg. » (*Mémoires du maréchal Gouvion Saint-Cyr.*)

(1) « Saint-Cyr, étant sans crainte pour sa position défendue par son infanterie et son artillerie, laissait approcher la cavalerie ennemie de Muschbach, où il tenait masqués et prêts à déboucher quatre régiments de cavalerie et deux compagnies d'artillerie à cheval. Dès que l'ennemi fut parvenu assez près du village où il était attendu, l'artillerie à cheval déboucha, mit en batterie et tira ses premiers coups à mitraille, pour ainsi dire au milieu des escadrons ennemis; quelques-uns voulurent la charger; mais la cavalerie française venant à sa suite, s'avança sur eux et le feu de l'artillerie, dirigé avec un sang-froid et une justesse extraordinaire, les ayant ébranlés, ils firent demi-tour et ne tardèrent pas à disparaître de la plaine. Nos quatre régiments de cavalerie, soutenus par les deux compagnies d'artillerie à cheval, donnèrent la chasse pendant plus d'une heure aux deux mille chevaux de Wartensleben. » (*Mémoires du maréchal Gouvion Saint-Cyr.*)

Adieu, mon cher ami, je me porte bien malgré le mal que j'ai eu aux Sans-Culottides; les bottes ne m'ont point quitté les jambes pendant huit jours. Mais le mal ne prend pas sur de vrais républicains. Ecris-moi souvent, car je reçois toujours tes lettres avec un nouveau plaisir. Je souhaite que la première que je t'écrirai soit datée de Manheim.

Tu me feras plaisir de m'acheter des cartes du théâtre de la guerre. Je veux de bonnes cartes et qu'elles soient collées sur de la toile, pour qu'elles puissent se plier sans se déchirer; surtout n'oublie pas celle du Palatinat et que toutes les montagnes y soient bien tracées.

Nous avons tous été étonnés de la conspiration de Robespierre; le foutu gueux n'avait gagné la confiance du peuple que pour le tromper.

9

ARMÉE DU RHIN.

—

AVANT-GARDE.

Deidesheim, en Palatinat, le 18 vendémiaire, l'an 3e de la République française, une et indivisible (10 octobre 1794).

Je te fais passer, mon cher ami, la proclamation des représentants du peuple à notre armée. La fête a eu lieu le 16 du présent mois, sur la route de Manheim. Toutes les musiques des demi-brigades étaient réunies et n'ont pas cessé de jouer des airs patriotiques pendant la cérémonie. Les troupes ont défilé devant le drapeau que la Convention a envoyé à notre armée.

Tu verras, par cette proclamation, que notre tâche n'est pas encore remplie et qu'il faut que nous terminions la campagne par la prise de tout le Palatinat. Nous justifierons ainsi la devise de nos médailles (1) dont je t'ai parlé. Toutes les troupes brûlent d'impatience de marcher au pas de charge sur la canaille coalisée et d'en faire une déconfiture. C'est après cela que nous prendrons nos quartiers d'hiver.

Je compte sous peu écrire au représentant du peuple Rougemont (2). En attendant, je te prie de lui dire bien des choses de ma part. Veuille me donner des nouvelles de Paris. On répand ici le bruit que quelques agitateurs cherchent encore à troubler la tranquillité. Je pense bien que l'énergie de la Convention les aura bientôt arrêtés.

Adieu, je t'embrasse et suis bien sincèrement ton frère et ami.

Nouvelle lacune dans la correspondance de Boutrouë.

On peut l'expliquer en partie par les misères du siège de Mayence, pendant le terrible hiver de 1794-1795, le plus rigoureux du siècle, et aussi par les nombreux mouvements qu'eut à effectuer la 65e demi-brigade.

Après être passée, au commencement d'octobre 1794, des ordres de Gouvion Saint-Cyr à ceux de Desaix (*armée devant Mayence*, Kléber général en chef) et avoir pris part aux attaques de droite devant cette place, la 65e demi-bri-

(1) Il s'agit probablement des médailles que la Convention avait frappées pour être distribuées aux armées. On y voyait le génie de la République française tenant une urne penchée symbolisant le Rhin, avec ces mots à l'exergue : *Nec plus ultra*.

(2) A la suite de la réaction thermidorienne, Rougemont, le protecteur de Boutrouë, avait été relevé de sa mission à l'armée et remplacé par Ferraud. Saint-Cyr dépeint ainsi ce représentant : « Ferraud était bon, humain, mais son caractère pétulant et la singularité de son costume lui donnaient l'apparence d'un fou. »

gade fut renvoyée au printemps dans le Haut-Rhin, où Desaix reçut un commandement.

Bantzenheim, d'où est datée la lettre suivante, est situé sur la route de Neuf-Brisack à Bâle.

LIBERTÉ,

ÉGALITÉ.

10

ARMÉE
DE
…-ET-MOSELLE.
—
…ILE DROITE.
—
1re *division*.

Bantzenheim, le 7 fructidor, l'an 3e de la République française, une et indivisible (24 août 1795).

Mon cher ami, voilà déjà deux lettres que je t'écris depuis que nous sommes dans le Haut-Rhin sans recevoir de tes nouvelles. Peut-être ne te sont-elles pas parvenues.

Dans ma première lettre je te parlais du peu de valeur qu'ont les assignats, mais actuellement c'est encore bien pire. On n'en veut plus du tout et le louis monte toujours (1). Dernièrement un maréchal n'a pas voulu ferrer mon cheval pour un assignat de 500 livres, il a préféré 3 livres 12 sols en numéraire. Ainsi, juge de ce que nous pouvons faire avec nos appointements. Je viens de renvoyer un de mes domestiques ne pouvant plus le nourrir.

La Convention ignore, sans doute, la misère du militaire, car

---

(1) Le cours exagéré du *louis* d'or donnait lieu à une plaisanterie bien souvent répétée à cette époque : « Le Jean-f..... monte tant qu'il finira par remonter sur le trône. »

si elle savait notre triste position, elle viendrait à notre secours (1). Elle vient, il est vrai, d'accorder aux sous-officiers et volontaires deux sols en numéraire au-dessus de leur paye, ce qui leur fera beaucoup de bien ; mais l'officier ne touche pas un sol. Elle devrait savoir que nous avons les mêmes besoins que nos hommes, et, par conséquent, nous accorder du numéraire en proportion de nos grades (2).

Tu me diras peut-être que si toute la troupe recevait une partie de sa solde ou appointements en numéraire, cela ferait tomber tout à fait les assignats; mais nous nous trouvons malheureusement dans un pays où ils sont déjà tout à fait tombés.

Jusqu'à ce jour, les officiers ont reçu du sel comme les volontaires; mais actuellement on parle de nous retirer cette denrée de première nécessité. Comment pourrons-nous avoir du sel avec nos assignats? Nous serons obligés de nous servir de notre poudre comme devant Mayence. Tu ne peux pas te faire une idée de notre malheureuse situation. Je voudrais toujours être dans une armée active; du moins, en se battant, on oublie ses misères.

Je viens de voir dans les *Nouvelles* (3) qu'il serait accordé deux congés pour cent hommes présents sous les drapeaux. Si tu voulais bien t'employer pour moi auprès du Comité de salut public pour me faire avoir un congé de deux ou trois mois, tu me ferais plaisir. Je crois que tu pourrais l'obtenir facilement. Depuis quatre ans, je n'ai pas quitté mon corps un seul jour. Je ne demanderais pas de congé si je n'étais pas actuellement dans une armée où il n'y a pas grand'chose à faire.

Je te serais aussi obligé de vouloir bien m'envoyer quelques louis en or, pour que je puisse payer quelque chose que je dois en numéraire. Je te les rendrai, quand je pourrai, dans la même monnaie.

---

(1) La Convention connaissait très bien le dénuement de l'armée du Rhin, mais elle réservait aux armées du Nord et de Sambre-et-Meuse toutes les faveurs dont elle pouvait disposer.

(2) Devant Mayence, les généraux et fonctionnaires de ce grade recevaient 8 francs par mois en numéraire. Jomini assure que le général en chef, Pichegru, ne recevait que 4,000 francs par mois en assignats, ce qui représentait à peine 100 francs.

(3) Le titre complet de ce journal est : *Nouvelles politiques, nationales et étrangères*.

Ce qui m'engage encore à demander un congé pour quelque temps, c'est que, depuis le siège de Mayence, j'ai toujours mal aux yeux. Quelques jours de repos pourront me guérir.

Je fais en ce moment les fonctions de général de brigade aux lieu et place du général Siscé, qui se retire. Je me trouve le plus ancien chef de brigade de la division.

On parle ici de la paix avec l'empereur. Je souhaite que ce soit bientôt, et que nous puissions nous voir réunis encore une fois à Gréez ou à Chartres.

Adieu; porte-toi bien. Je suis, en attendant le plaisir de te voir, bien sincèrement ton ami.

La lettre suivante porte l'en-tête de la 68e demi-brigade. Un nouvel embrigadement avait, en effet, été ordonné par décret du 1er février 1796. Cette opération ne fut exécutée à l'armée de Rhin-et-Moselle que le 4 mai, mais put se faire tranquillement, à la faveur de l'armistice avec les Autrichiens, qui durait depuis le 21 décembre 1795, et qui ne fut rompu que le 20 mai suivant, les hostilités devant recommencer le 1er juin.

« La 65e demi-brigade, dite de première formation, fut fondue avec la 182e, les 1er et 2e bataillons de la demi-brigade des Landes, le 25e bataillon des réserves, le 6e bataillon de la Somme, le 10e bataillon de la Meurthe, les 3e et 5e bataillons de Maine-et-Loire, et forma le noyau de la 68e demi-brigade de 2e formation » (1).

La 68e demi-brigade conserva Boutroué pour chef et resta à l'armée de Rhin-et-Moselle, commandée alors par Moreau. Elle faisait partie de la 4e division, général Delmas; corps du centre, général Desaix.

---

(1) Historique du 65e régiment d'infanterie de ligne.

ÉGALITÉ.  LIBERTÉ.

11

ARMÉE
DE
RHIN-ET-MOSELLE.
—
4e *division.*

Bivouac d'Holzmuhl, le 20 prairial, 4e année (8 juin 1796).

Le citoyen Boutrouë, chef de la 68e *demi-brigade, à son frère.*

J'ai reçu, mon cher ami, ta lettre et celle de mon père.

Je m'empresse de vous répondre.

Je n'ai pas encore mon brevet de chef de brigade de la 68e, mais je n'en suis pas inquiet. Mon ancien titre de la 65e m'en tiendra lieu en attendant; du reste, il est établi par le Directoire. Je l'ai reçu il y a une quinzaine de jours seulement (1) ; il est signé de notre ami Le Tourneur.

Le 2 courant, l'armistice a été rompu, et, le 6, nous sommes partis de nos cantonnements pour nous porter sur la ligne de la Queich. Nous sommes dans un pays désolé par la guerre, nous n'avons ni pain ni viande, et nos chevaux ne sont pas plus heureux que nous. En un mot, nous sommes dans la misère, et nous ne demandons qu'à battre l'ennemi pour en sortir.

C'est ce que nous avons déjà fait dans plusieurs petites rencontres avec lui depuis le 12, jour où l'on a recommencé les

---

(1) P. J., n° 17.

hostilités, et j'espère que sous peu nous serons sous les murs de Mayence. Ainsi, tu vois que l'armée de Rhin-et-Moselle commence à acquitter la lettre de change que celle d'Italie avait tirée sur nous.

Lorsque je t'avais prié d'engager le citoyen de la Haye à me faire obtenir un petit congé, après la réorganisation de ma demi-brigade, pour aller vous voir, je ne m'attendais pas à la rupture de l'armistice ; mais maintenant que nous revoilà aux prises avec ces messieurs, il n'y faut plus penser. L'honneur, le devoir me commandent de rester à mon poste, et j'y reste.

Tous les jours, il nous arrive des déserteurs de l'autre côté. Ils nous disent qu'ils sont las de toujours recommencer la guerre, et qu'ils voient bien qu'il n'y a rien à gagner avec des républicains.

Les succès que nous venons d'avoir dans l'armée de Sambre-et-Meuse (1) et les nôtres vont sûrement décider Monsieur l'empereur à nous demander la paix. Les bruits courent déjà qu'il travaille à cela.

Dans le moment où je t'écris, l'ennemi est en pleine déroute. Nous allons à leur poursuite ; je ne sais pas où nous pourrons le rejoindre. Adieu, je pars demain. Je te dirai ce que nous avons fait. Ton ami.

---

(1) Marceau sur la rive gauche de la Nahe.

12

ARMÉE
DE
RHIN-ET-MOSELLE.
—
4e *division.*

Au Bivouac, en avant de la Rehutte, le 28 prairial, 4e année (16 juin 1796).

Hier, mon bon ami, nous avons encore battu l'ennemi. Ma demi-brigade s'est distinguée (1), et l'a chassé des marais de la Reebach. Nous leur avons fait beaucoup de prisonniers. Ce matin, nous l'avons poursuivi sans pouvoir le joindre, tant il courait. Le temps me presse. Je suis à cheval depuis minuit, et n'en puis plus.

Je t'embrasse, et suis ton frère et ami.

Après le passage du Rhin par l'armée de Rhin-et-Moselle, la 4e division, général Delmas, tout en restant sous le commandement de Desaix, passa du centre à la gauche de l'armée. Mais la 68e demi-brigade n'alla pas jusque sur le Danube à la poursuite de l'archiduc Charles.

Après les affaires de Knübis (2 juillet), de Freudenstadt, de Rastadt (5 juillet) et la bataille d'Ettlingen (9 juillet), elle se trouvait dans les environs de Stuttgard quand elle reçut de Moreau l'ordre de couvrir la gauche de l'armée et de se porter du côté de Philippsbourg pour en contenir la garnison. Un corps de cavalerie lui était adjoint.

Ce détachement mixte, composé de la 68e demi-brigade et du 19e dragons, fut placé sous les ordres du général Scherb, et partit vers le milieu du juillet.

---

(1) Boutrouë obtint à cette affaire une citation inscrite en ces termes sur ses états de services : « Le 27 prairial an IV, pour s'emparer de la forte position de la Rehutte, le chef de brigade prend le commandement de son troisième bataillon, traverse un bois de la largeur d'un quart de lieue tout inondé et coupé de marais; suivi de ses soldats, encouragés par l'exemple de leur chef, il surmonte tous les obstacles, affronte tous les dangers s'élance dans la redoute au milieu du feu de l'ennemi, qui est enfin forcé à la retraite, après un combat opiniâtre et sanglant. » (Voir la pièce justificative, n° 1.)

Si, dans la pensée du général en chef, la gauche et les derrières se trouvaient menacés, il est étonnant qu'en confiant au général Scherb la mission de les protéger, le général Moreau lui ait donné des moyens d'exécution aussi insuffisants. Quoi qu'il en soit, le petit corps du général Scherb tint bravement tête à l'orage qui allait s'abattre sur lui.

Attaqué, le 7 septembre, dans ses positions de Bruchsal par les troupes de la garnison de Philippsbourg réunies à celles de la garnison de Manheim, et auxquelles s'étaient joints 4,000 paysans insurgés et armés de fusils, il se maintint dans ses positions jusqu'au 13 septembre. Mais l'arrivée d'un nouveau corps de troupes autrichiennes, commandées par le général Petrasch, le força à se retirer. Il exécuta sa retraite en combattant jusqu'à Kehl, où il parvint à se jeter après avoir culbuté les troupes de Petrasch, qui l'avaient déjà débordé et s'étaient placées sur ses derrières.

Pendant cette pénible retraite, qui fit le plus grand honneur à la 68e demi-brigade, seule troupe d'infanterie du petit corps de Scherb, Boutrouë n'eut sans doute pas le temps d'écrire longuement à son frère. Nous n'avons retrouvé en fait de lettres de cette époque que ces quelques lignes, où il fait connaître qu' « à Grumback, sa demi-brigade, coupée et entourée plusieurs fois, s'est fait jour, à « la baïonnette, à travers un nombre quadruple d'ennemis, a conservé son drapeau, les canons qui lui étaient « confiés, 80 voitures de son convoi, est arrivée à temps « pour préserver Kehl, et s'est vue, par cette action de « guerre, réduite à moins de moitié de son effectif ». Si le lecteur veut bien se reporter aussi à la lettre 13 de la *deuxième partie*, il y trouvera d'autres détails sur cette affaire de Grumback, à propos d'un officier de la demi-brigade qui s'y était particulièrement distingué.

A peine réfugiée sous le canon de Kehl, la brigade Scherb y fut vigoureusement attaquée par le corps de Petrasch, le 18 septembre. La place, un moment évacuée, fut reprise par la 68e, et conservée grâce à l'énergie de cette demi-brigade (1). Dans cette chaude affaire, Bouttroüé fut blessé et fait prisonnier sur le champ de bataille.

Nous avons une lettre de lui, à sa rentrée de captivité à l'ennemi. Nous la ferons précéder d'une courte relation de la tentative de Petrasch sur Kehl.

Ce récit est emprunté aux mémoires du maréchal Gouvion Saint-Cyr :

« Nous avons vu que Petrasch avait suivi la brigade de Scherb ; le 16 septembre, il était arrivé à Bischofsheim ; le 17, il fit ses dispositions d'attaque. Par une bizarrerie qu'on ne peut expliquer, Scherb avait ses troupes sur la rive droite de la Kintzig, au lieu de les avoir sur la rive gauche et dans Kehl ; ces troupes se composaient de la 68e demi-brigade, de 2 escadrons du 19e de dragons, et d'un petit détachement formé de quelques carabiniers et cavaliers du 15e ; un seul bataillon et un dépôt de la 104e demi-brigade formaient la garnison du fort. Petrasch aurait pu culbuter dans la Kintzig les troupes de Scherb placées en avant, et entrer avec elles dans le fort ; il préféra les tourner. Dans la nuit du 17 au 18, il fit passer la Kintzig à Willstett à trois bataillons et deux escadrons, ensuite la Schutter à Eckertsweier, pour venir, par Simdhein, tourner l'ouvrage à corne du Haut-Rhin, tandis que quatre bataillons et deux escadrons étaient destinés à faire une fausse attaque sur Scherb.

« Au point du jour, la colonne qui avait tourné nos ou-

(1) Au mois de décembre suivant, après la retraite de Moreau sur le Rhin, Kehl fut assiégée par l'armée autrichienne. Desaix, qui alternait avec Gouvion-Saint-Cyr dans le commandement des troupes chargées de la défense dont faisait encore partie la 68e demi-brigade, se souvint de la brillante conduite de cette demi-brigade dans la journée du 18 septembre. Il lui adressa, lors de sa prise de commandement, un ordre du jour des plus flatteurs, dans lequel il la propose en exemple aux autres troupes de la garnison. (Voir la pièce justificative, n° 18.)

vrages, s'en empara après avoir surpris et mis en fuite le bataillon qui s'y trouvait. Elle poussa jusqu'à la culée d'un pont qui avait encore existé l'avant-veille et négligea de chercher le nouvel emplacement de ce pont pour le détruire. Dans le même temps, Scherb, qui s'était aperçu que le fort et la ville de Kehl avaient été enlevés derrière lui, descendait la rive droite de la Kintzig pour trouver, vers son embouchure, un passage par les îles qui pût lui permettre de rentrer dans les ouvrages les plus rapprochés de cette rivière, car il se croyait dans l'impossibilité de pénétrer dans le fort par la ville.

« Sa cavalerie seulement essaya de s'y ouvrir un passage, mais la plus grande partie y fut tuée ou prise ; la 68e demi-brigade parvint à rentrer dans une partie des ouvrages de Kehl et les défendit avec un grand courage. Elle avait à sa tête le général Siscé qui, par trois fois, essaya de pénétrer dans la grande rue de Kehl sans pouvoir y réussir, l'ennemi étant fort supérieur et disposant de quatre pièces d'artillerie qui enfilaient cette rue. Enfin, vers sept heures du matin, il parvint à reprendre le fort, dans lequel on fit 200 prisonniers du régiment de Ferdinand. Le général Schawenburg accourait de Strasbourg avec quelques dépôts ; il rallia le bataillon qui avait repassé le Rhin dès le commencement de l'attaque et le ramena à l'ennemi.

« Le commandant de Strasbourg, Moulin (1), avait fait battre la générale ; cette ville était sans garnison, mais on réunit les ouvriers des différentes administrations militaires, on en forma un petit bataillon que l'on arma à la hâte. On disposa aussi des compagnies de grenadiers et de chasseurs de la garde nationale de Strasbourg, ville dont le patriotisme ne s'est jamais démenti. Ces secours assurèrent la conservation de Kehl, surtout contre les attaques

---

(1) Parmi les numéros des *Nouvelles politiques* retrouvés dans les papiers de de Boutroue, celui du 4 vendémiaire an V contient une dépêche du général Moulin rendant compte au Directoire de l'affaire du 18 septembre, et citant le nom du chef de la 68e demi-brigade. (Voir la pièce justificative n° 19.)

que l'ennemi aurait pu renouveler. Notre perte s'est élevée à 1100 hommes, dont 800 blessés; celle de l'ennemi a été estimée à 1500 tués ou blessés et 300 prisonniers. Heureusement qu'après s'être emparés du fort, les Autrichiens s'étaient amusés à piller la ville et à boire, au lieu de chercher à détruire le pont, ce qui eût empêché tous les secours. »

FRATERNITÉ.

13

Phalsbourg, le 11 pluviôse, 5e année républicaine (30 janvier 1797).

Boutrouë, chef de la 68e demi-brigade d'infanterie de ligne, au citoyen Boutrouë, président du canton de Montmirail, à Gréez, près la Ferté-Bernard.

J'ai reçu, mon cher ami, ta lettre en date du 3 courant et je m'empresse d'y répondre.

Tu me demandes des détails sur ma captivité. Il faudrait au moins une rame de papier pour t'en faire un récit détaillé. Je me bornerai seulement à te marquer les principaux événements, me réservant de t'en dire plus long quand j'aurai le plaisir de te revoir.

Je fus fait prisonnier à Kehl, le deuxième jour complémentaire dernier, après avoir reçu le feu de plusieurs pelotons autrichiens au milieu desquels j'étais tombé. On me criait toujours de me rendre; j'hésitai un moment si je le ferais, mais me voyant entouré de plus de trois cents Autrichiens et dans l'impossibilité de lutter ou de me sauver (1), je finis par me rendre et remis mon sabre au chef de la troupe qui me fit transporter aussitôt sur les derrières. Les soldats qui m'accompagnaient firent l'inventaire de ce que j'avais sur moi et s'approprièrent tout mon argent, mes épaulettes, etc. Pendant cette petite cérémonie, j'eus l'adresse de faire glisser ma montre dans mes bottes et par ce moyen je réussis à la sauver. Le général ennemi me fit bien soigner et eut pour moi tous les égards que l'on doit à un officier supérieur qui s'est distingué.

Je pus partir quelques jours après pour Heidelberg, où nous restâmes sept à huit jours; nous fûmes dirigés ensuite sur Wurtzbourg, capitale de la Franconie, où nous ne séjournâmes que deux jours. De là, nous fûmes conduits au fort de Theresienstadt, en Bohême: j'y restai quinze jours. Après ce temps, le prince Charles me permit de rentrer, sur parole d'honneur de ne servir qu'après avoir été échangé.

Ainsi, tu vois que je ne suis pas resté longtemps en captivité. J'ai été très bien traité par l'ennemi. J'oubliais de te dire que nous étions 900 prisonniers français, dont plus de 60 officiers.

Ma demi-brigade est en ce moment à Kaiserslautern, et moi je reste à mon dépôt jusqu'à mon échange. Si tu voulais écrire ou faire écrire au ministre pour me faire avoir un congé, cela me ferait plaisir. Il sera, je crois, facile de l'obtenir, puisque tous les officiers qui sont rentrés de captivité sur parole ont eu des congés pour se rendre dans leur famille en attendant leur échange.

Je prie aussi mon père de vouloir bien m'envoyer six ou huit louis, dont j'ai le plus pressant besoin dans ce moment-ci, attendu qu'il n'y a pas de fonds pour me payer l'état de mes pertes. J'ai heureusement pu conserver mes chevaux, mais la plus grande partie de mes effets a été pillée à Kehl.

Adieu, je t'embrasse de tout cœur.

---

(1) Boutroué ne parle pas des blessures qu'il reçut dans ce combat. Son frère en eut connaissance par une lettre du général Reynier, chef d'état-major général de l'armée de Rhin-et-Moselle, adressée au représentant du peuple de la Haye, et qui lui fut communiquée par ce dernier. (Voir la pièce justificative n° 20.)

P. S. — La liste de tous les endroits par où j'ai passé en revenant de Theresienstadt serait trop longue à te donner. Voici seulement le nom des villes où j'ai fait séjour : Prague, Eger, Bamberg, Wurtzbourg, Heidelberg, Darmstadt, Mayence, Coblentz et Luxembourg.

14

ARMÉE
DE
RHIN-ET-MOSELLE.

Division Sainte-Suzanne.

Landau, le 20 messidor an V (9 juillet 1797).

Mon cher ami, je suis arrivé à ma demi-brigade (1) le 13 de ce mois. C'est avec la plus vive sensibilité et la joie la plus sincère que je me suis rapproché d'un corps d'où m'avaient éloigné de malheureux événements et ma captivité à l'ennemi.

J'ai reçu de ma demi-brigade tous les témoignages que peuvent inspirer le respect et l'attachement ; tant d'empressement et de reconnaissance ont rempli mon cœur des plus vives émotions. J'y ai trouvé bien des changements, à cause de l'incorporation des nouveaux bataillons, mais j'y ai retrouvé aussi ce bon ordre et cette discipline qui l'ont toujours caractérisée.

Je suis resté quinze jours à mon dépôt pour m'y faire habiller et m'y reposer des fatigues de la route.

Nous attendons de jour en jour l'ordre de nous rendre à Strasbourg pour y passer la revue de l'inspecteur général. Je voudrais bien rester encore ici quelque temps pour remettre au courant toutes les affaires qui sont à la traîne ; je n'y vois pas encore bien clair, mais j'espère sous peu m'y reconnaître tout à fait.

---

(1) La 68e demi-brigade faisait alors partie de la brigade Ducomet, division Sainte-Suzanne, corps de Gouvion Saint Cyr, formant la gauche de l'armée de Rhin-et-Moselle, en correspondance avec la droite de l'armée de Sambre-et-Meuse.

Le général en chef vient de me faire passer la déclaration de la commission impériale qui constate mon échange (1).

Adieu, mon cher ami, je t'embrasse ainsi que ta femme et ma nièce.

15

Landau, le 4 fructidor an 5e de la République (21 août 1797).

J'ai reçu, mon cher ami, ta lettre en date du 30 messidor. Mes grandes occupations m'ont empêché d'y répondre plus tôt.

Nous n'avons pas encore passé la revue de l'inspecteur général et je ne sais pas quand nous irons à Strasbourg pour la passer. Mon état-major est toujours ici; j'ai treize compagnies cantonnées dans les villages voisins.

Je n'ai pas encore touché les indemnités de mes pertes d'effets. En attendant, je vais toujours acheter un cheval dont j'ai le plus grand besoin. Ma troupe, dont l'instruction avait été un peu négligée pendant ma captivité, commence à bien manœuvrer. Je t'assure que depuis ma rentrée au corps elle a été bien exercée; aussi je ne crains pas de paraître devant l'inspecteur général.

Il y a plus de deux mois que nous n'avons été payés. Personne n'est satisfait (2). Je ne sais pas où passe l'argent. En atten-

---

(1) P. J., n° 21.
(2) P. J., n° 22.

dant, il faut toujours vivre ; si de mes créanciers ne m'avaient pas remis quelques fonds, je serais très embarrassé. Si ces deux mois arriérés et mes indemnités de pertes m'étaient payés, je serais à mon aise et je pourrais t'envoyer quelque acompte sur la somme que tu as eu la complaisance de me prêter.

Il y a environ un mois, j'ai été parrain de l'enfant d'un capitaine de ma demi-brigade. Ma commère est une demoiselle de Bruchsal, qui est dans un de ses biens à une lieue de Landau. Je crois t'en avoir déjà parlé. Cette demoiselle est la fille d'un conseiller ; elle était ma maîtresse lorsque j étais sur la rive droite du Rhin et elle l'est encore dans ce moment. Elle n'est pas très jolie, mais elle est fort bien faite, fraîche et jeune. Je ne te parle pas de son caractère, tu as pu en juger par ce qu'elle fit pour moi pendant ma captivité. Tous les deux jours je vais partager sa couche et de ces assiduités-là il est résulté un petit chef de brigade, du moins il y a tout lieu de le croire, puisqu'elle n'a rien vu depuis plus d'un mois. Loin d'être fâchée de cette maladresse, elle en est très contente et moi de même.

Adieu, je t'embrasse.

16

Turkheim, le 24 fructidor an V (10 septembre 1797).

Depuis quinze jours, mon cher ami, nous occupons une quarantaine de villages dans le Palatinat. Mon état-major est à Turkeim. Nous ne passerons sûrement pas de sitôt la revue de l'inspecteur général, puisque nous voilà encore éloignés de Strasbourg. Cependant nous venons de passer la revue d'un général, mais cette revue avait pour but de s'assurer de l'effectif des hommes présents.

Depuis plus de trois mois, ma troupe n'a pas été payée ; nous ne recevons plus de vivres, et les habitants sont obligés de nous nourrir. Grand Dieu ! quand donc sortirons-nous de cette affreuse misère ! Je broie du noir, comme tu vois, mais que diable broyer par le temps qui court !

J'ai acheté, ces jours-ci, une jolie jument courte-queue pour la somme de dix-huit louis ; elle en vaut au moins vingt-quatre.

Je vais vendre mon petit blanc, qui est totalement ruiné ; ma jument noire est encore très bonne, aussi je la garderai pour mon domestique. Dès que j'aurai reçu quelque argent, j'achèterai un troisième cheval en remplacement du petit blanc ; après cela, je serai bien monté. Je n'ai pas encore été payé de mes pertes.

Je t'ai écrit le 4 du courant. Je ne sais si tu as reçu cette lettre.

Adieu ; je t'embrasse, ainsi que ta femme et ma nièce.

17

De Turkheim, le 12 vendémiaire, l'an VI de la République française, une et indivisible (3 octobre 1797).

Mon cher ami, je t'ai écrit plusieurs fois sans avoir de réponse ; je pense que tu n'as pas reçu mes lettres. Ma sœur m'a appris le malheur qui était arrivé à ta fille ; je suis inquiet, écris-moi vite pour me tranquilliser. Elle m'a aussi appris que mon père avait été décoré de l'écharpe tricolore. J'en suis bien aise ; c'est rendre justice à son patriotisme.

Depuis plus de trois mois, nous n'avons pas été payés ; je n'ai pas non plus reçu mon indemnité de perte d'effets. Dès que je l'aurai reçue, je te ferai passer les cinquante écus que tu as bien voulu me prêter.

On parle ici de paix (1), de guerre. Je crois plutôt que nous allons encore faire une campagne. Notre armée est sur un pied si respectable, qu'il nous assure déjà de la victoire.

J'ai été, ces jours derniers, à Manheim, où j'ai dîné avec des officiers autrichiens. Nous avons fait bombance. Ils craignent tous une nouvelle campagne. Les émigrés font, dans cette ville, une triste figure ; ils se disposent tous à passer en Russie, où on leur promet plus de beurre que de pain.

Tous les jours, il passe par ici des Polonais qui vont à l'armée d'Italie, et, de là, au service de la République cisalpine. L'un d'eux a passé huit jours avec moi ; il se nomme Victorini ; il m'avait tellement pris en affection, qu'il ne voulait plus me quitter. C'est un homme très aimable et très patriote. Il parle cinq à six langues. Il voulait à toute force me faire accepter une bourse de cent louis, en souvenir de notre rencontre. J'ai refusé, comme tu dois bien penser. J'oubliais de te dire qu'il est prince ; sa principauté se trouve dans la partie de la Pologne qui appartient maintenant à l'empereur d'Autriche, qu'il déteste cordialement. Ce bon prince espère toujours que la Pologne redeviendra ce qu'elle était, et il compte sur les Français pour lui en fournir les moyens.

Le 1er de ce mois, nous avons célébré la fête de la République. Il a été prononcé plusieurs discours patriotiques. Nous avons fait de belles évolutions. Le tout s'est terminé par un bon dîner.

Au moment où je t'écris, je reçois l'ordre que toute communication doit cesser avec l'ennemi. En conséquence, aucun des habitants du pays que nous occupons ne doit plus avoir la liberté de dépasser nos avant-postes, aucun officier autrichien ne doit plus être reçu dans nos cantonnements. Le service des postes aux lettres avec les pays occupés par l'ennemi doit pareillement cesser ; la liberté du commerce sur le Rhin et sur la Moselle ne doit plus avoir lieu. Ainsi, tu vois, mon cher, que tout cela n'annonce pas la paix.

Adieu ; je t'embrasse, ainsi que ta femme et ta fille.

---

(1) A la suite des préliminaires de paix signés par Bonaparte à Léoben, Moreau avait accordé un armistice à l'armée impériale d'Allemagne.

18

Landau, le 28 nivôse, l'an VI de la République française, une et indivisible (17 janvier 1798).

Je viens, mon ami, de recevoir ta lettre en date du 17 courant; je n'ai pas reçu les autres lettres dont tu me parles.

Nous sommes restés deux mois et demi à Strasbourg, pour passer la revue de l'inspecteur général. Nous avons été retournés sous toutes les coutures. Je m'y attendais. J'ai fait manœuvrer deux fois ma demi-brigade devant le général en chef Augereau (1).

Si le temps n'avait pas été mauvais, j'aurais eu l'honneur de manœuvrer devant le héros d'Italie (2).

Depuis vingt jours, ma demi-brigade occupe les villes de Landau, Bitche, Lauterbourg et Wissembourg. Sous peu de jours, nous irons vers Mayence; d'autres nous assurent que nous devons faire partie de l'armée d'Angleterre. Si cela est, je te marquerai la route que nous tiendrons. Je crois que nous ne passerons pas loin de mon pays.

Deux des aides de camp du général en chef sont de notre connaissance. Le premier est le fils de Levasseur, ton ancien collègue à la Convention; l'autre, le fils de Richer de Maintenon. Nous avons dîné ensemble chez le général en chef. J'ai rencontré aussi à Strasbourg, Maignet, jeune homme du Mans, qui était mon lieutenant lorsque j'étais capitaine dans le 1er bataillon de la Sarthe. Le jeune Jolict, neveu de Maison-Guillard, est venu me voir ici; il est élève dans un des hôpitaux de Strasbourg.

Un officier de mon ci-devant régiment, arrivant des prisons de

(1) Après le 18 fructidor, Augereau avait été nommé général en chef des armées de Sambre-et-Meuse et de Rhin-et-Moselle, réunies sous la dénomination d'armée d'Allemagne.

(2) Bonaparte était arrivé d'Italie pour présider à l'ouverture du Congrès de Rastadt.

Boutroue semble tout désappointé de n'avoir pas manœuvré devant le *héros d'Italie*. Son désappointement se fût sans doute changé en surprise s'il eût connu le véritable motif du contre-ordre de la manœuvre annoncée. Le mauvais temps fut un prétexte tout trouvé pour la décommander. (Voir la pièce justificative n° 23.)

l'ennemi, m'a assuré que Saint-Simon, mon sous-lieutenant, qui demeurait chez Le Tourneur, est rentré en France. Tu sais qu'on l'avait dit tué. Je souhaite que les bruits de la mort de Duhamel se trouvent pareillement faux.

Dans le temps, je te mandais que j'avais été assez adroit ou maladroit de faire un enfant à ma maîtresse, et je me rappelle très bien que tu me plaisantais là-dessus. Eh bien, mon cher, ce n'est plus un doute. Elle est maintenant grosse de près de six mois. J'aurai donc enfin de ma race. Ma maîtresse, qui, dans le commencement de sa grossesse, était si contente, ne l'est plus autant à présent. Sa maman n'en sait encore rien, mais une de ses sœurs est dans la confidence. On m'a parlé mariage, mais je n'y pense pas encore. En attendant, nous nous voyons comme par le passé.

Je suis bien satisfait d'apprendre que le bras de ma petite nièce est parfaitement guéri.

Je n'ai pas encore reçu l'indemnité de mes pertes depuis la fin de l'an IV !

Adieu, mon ami ; je t'embrasse.

Le Directoire avait eu, à plusieurs reprises, pendant la dernière campagne, des sujets de plainte contre la Suisse, notamment à cause de la protection accordée aux émigrés par le gouvernement de la Confédération helvétique ; aussi, dès la signature de la paix à Campo-Formio, avait-il ordonné à Augereau de s'emparer des vallées de l'Erguel et de Moustiers-Grandval, dépendant de l'ancienne principauté ecclésiastique de Bâle, et de les réunir au département du Mont-Terrible.

Cette annexion fut exécutée sans difficulté ; mais ce n'était que le prélude d'un bouleversement complet du corps helvétique, résolu depuis longtemps déjà par le Directoire, et qu'il accomplit en moins de trois mois, en transformant, par la force des armes, cette Confédération, qui devint, à l'image de la République française, une République indivisible et démocratique, de fédérale et oligarchique qu'elle était.

Les opérations auxquelles prit part la 68e demi-brigade contre les cantons du Nord étaient dirigées par le général Schawenburg.

19

ARMÉE
DE
ERGUEL.
—
Division
te-Suzanne.

A Soleure, le 14 ventôse an VI de la République française, une et indivisible (4 mars 1798).

Tu auras sûrement appris par les *Nouvelles*, mon cher ami, que l'armée du Rhin avait été licenciée, ce qui a occasionné des mouvements parmi les troupes qui la composaient.

La demi-brigade que je commande a reçu l'ordre de quitter le Palatinat, où elle était, pour se diriger sur la Suisse, en laissant des détachements à Huningue et à Brisack, et nous occupons ces parages depuis près d'un mois.

L'armée ennemie est commandée par le général d'Erlach, ci-devant maréchal de camp au service de la France.

Dans la nuit du 10 au 11, mon troisième bataillon eut ordre de s'emparer du château d'Ornac (1) appartenant aux Suisses ;

(1) Plus exactement château de Dornach, sur la route de Bienne à Soleure, à l'extrémité nord du canton de Soleure.

ils l'ont évacué dans la nuit du 12. Nous y avons trouvé six pièces de canon et deux gros obusiers, des munitions de guerre en quantité, etc. Cette expédition ne nous a coûté qu'un homme tué et trois blessés.

Dans la journée du 13, nous nous sommes emparés du poste important de Lengnau, entre Buren et Soleure, après un combat acharné où nous avons tué à l'ennemi plus de 200 hommes; nous leur en avons pris aussi près de 200 avec 9 officiers, dont 1 colonel. A la suite de cette affaire, nous sommes entrés dans Soleure après une seule sommation du général Schawenburg (1).

Ainsi, voilà déjà un des cantons de mis à la raison; on va marcher maintenant sur celui de Berne, le seul qui ne veuille pas suivre le plan de constitution envoyé de France par le Directoire, car tu sais que les autres cantons ne veulent plus entendre parler de république fédérative.

Messieurs les descendants de Guillaume Tell se croyaient invincibles; ils ont appris, et à leurs dépens, que les Français sont les premiers soldats de l'Europe.

Adieu, mon ami, je t'embrasse.

---

(1) Sommation aussi courte qu'énergique. (P. J., n° 24.)

ARMÉE D'Italie.

DIVISION
DU
GÉN.AL Ménard.

68.e DEMI-BRIGADE
D'INFANTERIE
DE LIGNE.

LIBERTÉ. ÉGALITÉ. JUSTICE. COURAGE.

20

E D'ITALIE (1)
—
Division
éral Ménard.

A Tortone, le 25 prairial l'an VI de la République française, une et indivisible (13 juin 1798).

Je suis arrivé ici, mon cher ami, après vingt-quatre jours de marche. Nous avons traversé la Suisse et les États du roi de Sardaigne, mais on prétend que nous n'y ferons pas long séjour. Les uns disent que nous allons à Gênes pour nous embarquer, les autres disent que nous allons à Rome. Mais je n'attache pas grande importance à tous ces on-dit.

La ville de Tortone et le fort Saint-Victor appartiennent au roi de Sardaigne. Nous devons les occuper, aux termes du traité de paix fait entre lui et la République française (2).

A deux lieues d'ici, il y a des rassemblements de patriotes piémontais; ils se battent tous les jours avec les troupes du roi

(1) Brune, général en chef.

(2) Impuissant à enrayer le mouvement révolutionnaire qui menaçait d'emporter son trône, le roi Victor-Emmanuel IV avait sollicité l'intervention des troupes françaises dans ses États. Le Directoire qui, du reste, comme il l'avait fait pour abattre l'oligarchie en Suisse, ne cessait d'encourager les menées démagogiques en Piémont, s'empressa d'acquiescer à la demande du roi, mais à la condition que la citadelle de Turin serait occupée par une garnison française. (Traité du 28 juin 1798.)

sarde. Ces patriotes veulent, disent-ils, former une république des Etats du roi. Ils portent sur leur drapeau ces mots : *République piémontaise — Guerre aux tyrans!* Leur attitude devient de jour en jour plus imposante. Ces jours derniers, ils ont eu un avantage sérieux (1) sur les royalistes. Quant à nous, nous sommes spectateurs oisifs de leur querelle, du moins pour le moment.

Dans ta lettre du 10 floréal, tu m'annonçais ta nomination au Conseil des Cinq-Cents; mais, dans le *Bulletin des Lois* en date du 22 du même mois, j'ai vu que le Directoire avait déclaré nulle ta nomination. Dis-moi donc ce qui a pu donner lieu à cette déclaration de nullité.

Si tu veux connaitre les lieux par où nous sommes passés pour nous rendre à Tortone, en voici la liste : Soleure, Bienne, Nidau, Morat, Avenche, Payerne, Moudon, Lausanne, Vevey, Villeneuve, Saint-Maurice, Martigny, Saint-Pierre sous le Saint-Bernard, Aoste, Verrès, fort de Bard, Ivrée, Santhia, Verceil, Novare, Trécate, Vigevano, Pavie, Voghera et Tortone.

Demain j'irai visiter la ville d'Alexandrie; nous n'en sommes qu'à quatre lieues.

Adieu, mon ami, je t'embrasse ainsi que ta femme et ma nièce.

21

ARMÉE D'ITALIE.
—
Division Ménard.

A Tortone, le 18 thermidor an VI de la République française, une et indivisible (5 août 1798).

Dans les premiers jours de mon arrivée à l'armée d'Italie je t'ai écrit, mon cher ami, et je n'ai pas encore reçu de tes nouvelles.

J'ai écrit dans le même temps à mon père et à ton neveu, qui m'ont répondu. N'aurais-tu pas reçu ma lettre ou bien tes occupations t'ont-elles empêché de m'écrire?

---

(1) Rencontres de Carossio et de Serravalle.

J'arrive de Gênes où je suis resté quelques jours. Cette ville, capitale de la République ligurienne, est située au couchant de l'Italie et sur le penchant d'une montagne qui fait partie des Apennins. Elle est bâtie en demi-cercle autour du port. L'inégalité du terrain sur lequel elle est construite lui donne la forme d'un amphithéâtre, et, vue du centre du port à un mille en mer, elle offre un coup d'œil magnifique.

Le plus beau quartier de la ville est traversé par la rue Neuve : les autres rues sont très étroites et les maisons très élevées. La population s'élève à 90,000 âmes, y compris les faubourgs de Saint-Pierre d'Arena et de Bisagno.

L'église Saint-Laurent, revêtue de marbre noir et blanc est fort belle. L'église de l'Annonciade est d'une décoration plus brillante; elle est partagée en trois nefs soutenues par des colonnes de marbre blanc et rouge. La voûte est peinte et ornée de riches dorures.

Saint-Ambroise est aussi une église magnifique; on y admire de superbes tableaux de Rubens.

Le palais où résidait le doge sert maintenant aux réunions des conseils, tant des Soixante que des Trente. Les murailles de la Salle du Grand-Conseil sont en marbre jaune d'une admirable coloration. La salle du Conseil des Anciens n'est pas aussi bien décorée, mais ils ne sont là que provisoirement. Le Directoire, qui est actuellement à Carignan, va être installé dans un palais; il y en a tant et de si beaux dans cette ville, que les directeurs n'auront que l'embarras du choix.

Les palais les plus curieux sont : celui de Marcellino Durazzo; il renferme une précieuse collection des plus beaux tableaux, on y admire surtout celui de la *Madeleine aux pieds de Jésus*, les *Pharisiens* et un autre grand tableau qui a pour sujet Achille traînant Hector attaché à son char; il y a aussi un buste antique de Vitellius, d'un rare travail. Le palais Doria, d'une architecture grandiose; il renferme un chef-d'œuvre de sculpture, la statue de Neptune, dieu des mers, en marbre blanc. Les palais Balbi, Brignole, Spinola, ne le cèdent en rien aux précédents. Enfin, il y a tant d'autres palais superbes, qu'il faudrait dix ans pour en faire une description complète avec toutes les merveilles qu'ils renferment.

La loge de Bianchi sert de Bourse; c'est une grande salle publique où s'assemblent les marchands de toutes les nations.

L'écusson de la République est peint au plafond : d'argent à la croix de gueule, avec la cocarde nationale, rouge et blanc.

Les montagnes des environs de Gênes fournissent toutes les variétés des plus beaux marbres.

Je n'ai point trouvé les femmes aussi belles qu'on me les avait vantées; comme elles sont fort riches, elles se parent de beaucoup de diamants et autres bijoux, et elles portent de très belles étoffes. Les hommes sont mis plus simplement, mais avec élégance et sont d'une propreté rare.

Le port est assez joli; il n'y a que des vaisseaux marchands et des galères. Pendant mon séjour dans cette ville, il y est venu des vaisseaux grecs et espagnols. Les premiers sont obligés à une quarantaine. Cela est forcé pour tous ceux qui viennent du Levant.

Les Liguriens n'ont point de marine pour protéger leur commerce, aussi leur enlève-t-on des bâtiments à la sortie du port. Les vaisseaux barbaresques, qui savent qu'on ne leur donne pas la chasse, sont toujours aux aguets et ils ne perdent pas leur temps.

Leur troupe de terre est encore mal organisée. S'ils prennent modèle sur les troupes françaises qui sont en garnison dans leur pays, ils auront bientôt de bons soldats.

Les alentours de Gênes sont de toute beauté; toutes les maisons de campagne ressemblent à des palais.

J'oubliais de te dire que jai vu les Directeurs. J'ai causé avec eux une demi-heure; ils m'ont tranquillisé sur un bruit malveillant que des gens intéressés se plaisaient à répandre à la Bourse : on disait que nos directeurs Barras et Rewbel étaient condamnés à la déportation, que Paris était soulevé, les faubourg en armes et autres mauvaises nouvelles de cette espèce. Heureusement, il n'est rien de tout cela.

En allant à Gênes, j'ai visité Novi, petite ville d'environ 6,000 âmes, appartenant à la République ligurienne. Elle est assez bien bâtie.

Je compte faire sous peu le voyage de Milan, une des plus grandes et des plus belles villes de toute l'Italie. Elle n'est qu'à une quinzaine de lieues de Tortone. Après ce voyage, je ferai celui de Turin. Nous sommes tranquilles pour le moment, j'en profite pour voir ce qu'il y a de plus curieux dans nos environs.

Ma collection de monnaies anciennes ou étrangères, tant en

or qu'en argent, est bien augmentée; elle commence à devenir intéressante.

Adieu, crois à mon amitié.

22

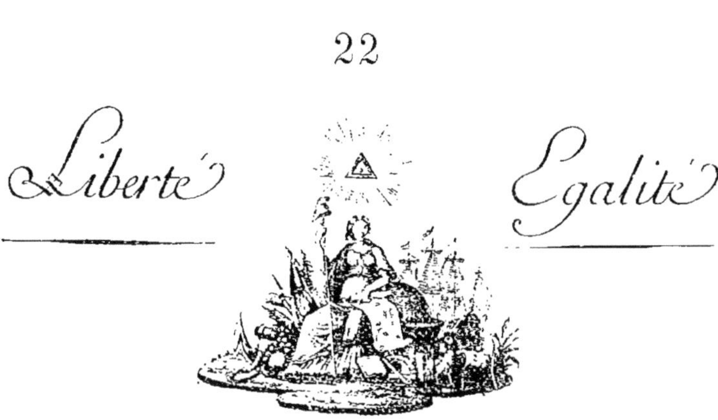

IÉE D'ITALIE.
—
:ision *Ménard.*

Tortone, le 1er fructidor an VI de la République française, une et indivisible (18 août 1798).

Je reçois à l'instant, mon cher ami, ta lettre du 8 thermidor. Elle a mis bien longtemps à me parvenir, et cependant les voies sont sûres en ce moment.

Tu me demandes si je fais des progrès dans la langue italienne ; ma foi, non ! je crois que j'en saurai tout juste autant qu'en allemand. La raison en est que presque tout le monde parle français dans ce pays-ci.

Nous donnons de temps en temps des bals et des concerts aux belles dames de Tortone. Je suis logé chez la marquise de Cavalchini, jeune femme jolie, aimable, spirituelle, et ayant beaucoup de relations. Elle est, dans ce moment, à sa maison de campagne ; elle veut pourtant, à son retour, m'apprendre l'italien, mais je doute qu'elle puisse jamais y réussir. Je suis si bête !

Je ne me rappelle plus si, dans ma dernière lettre, je t'ai dit que j'avais été à Alexandrie, qui n'est qu'à quatre lieues d'ici. C'est une assez jolie ville, mais un peu triste.

Mon dépôt, qui était resté à Phalsbourg, est en route pour se rendre à Chambéry, département du Mont-Blanc, ce qui me fait croire que nous resterons longtemps encore à l'armée d'Italie. Je t'avais dit, dans le temps, que j'avais fait un petit chef de brigade à la citoyenne Louise Catti. Eh bien, mon cher, elle est accouchée, il y a trois mois, d'une très jolie petite fille, qui, dit-on, ressemble à son père comme deux gouttes d'eau. Elle est maintenant mariée à un capitaine de ma demi-brigade, qui a bien voulu prendre la vache et le veau. Comme elle est assez riche, il a passé par-dessus le préjugé qui retient tant d'hommes. Mais elle n'a pu se marier qu'avec mon consentement. Tu dois bien croire que je n'ai pas hésité à le lui donner, car la mère me poussait l'épée dans les reins pour épouser sa fille. Je l'aurais cependant fait, si j'eusse su la réunion de toute la rive gauche du Rhin à la France.

Adieu, je te prie d'agréer l'assurance de ma sincère amitié.

23

LIBERTÉ.  ÉGALITÉ.

ARMÉE D'ITALIE.
—
Division Ménard.

A Tortone, le 3e jour complémentaire an VI de la République française, une et indivisible (19 septembre 1798).

Je te disais, mon cher ami, dans l'une de mes dernières lettres, que mon projet était de faire le voyage de Milan. J'en arrive, et c'est avec bien du plaisir que je vais te faire le récit des choses les plus curieuses que j'ai vues pendant mon séjour dans cette ville.

Milan, comme tu sais, est la capitale de la Lombardie, et

maintenant celle de la République cisalpine. Elle est située dans une des plus belles contrées de l'Italie, fertile et salubre. La population de la ville est d'environ 130,000 âmes. Les rues y sont assez belles et bien pavées, mais les maisons n'ont pas la magnificence de celles de Gênes.

L'église métropolitaine, le dôme est tout en marbre blanc tant au dehors qu'en dedans; aussi l'appelle-t-on avec raison une montagne de marbre. Il y a, à la vérité, beaucoup de reliefs et de statues fort médiocres; mais, dans le nombre, il y en a de remarquables. Le *saint Barthélemy*, de Marco Agrate, derrière le chœur, est admiré de tous les connaisseurs, soit pour la musculature du corps, soit pour l'impression de douleur que donne l'aspect des muscles et des nerfs; tu sais que ce martyr avait été écorché vif. Dans une chapelle souterraine, on voit le corps de saint Charles Borromée; il est enfermé dans un sarcophage formé de grands morceaux de cristal de roche. Il y a aussi plusieurs beaux tableaux peints par les meilleurs artistes. Le toit est aussi recouvert de marbre, et, du haut de la coupole, on embrasse d'un coup d'œil la ville, les plaines de la Lombardie, avec la chaîne des Alpes à l'horizon.

L'église de la Passion est une des plus belles, mais sa façade présente plus de magnificence et de richesse que de goût véritable. Des tableaux estimés ornent les chapelles de cette église; j'ai surtout remarqué : une *Descente de croix*, le *Sauveur avec la Vierge, saint François*, etc. Ces tableaux sont des meilleurs peintres. Le tombeau de l'archevêque Birago, fondateur de l'église, est superbe et tout en marbre blanc.

J'ai visité plusieurs autres églises, toutes très belles; je ne me rappelle plus leurs noms, ayant perdu toutes mes notes. Aussi, tout ce que je t'écris est de souvenir.

J'ai assisté à une séance du Grand-Conseil. La salle n'a rien de remarquable; celle du Conseil des Anciens est aussi trop peu de chose pour en parler. Le Directoire tient ses séances au ci-devant palais de l'archiduc Charles; c'est le seul palais de Milan qui soit vraiment d'un bon style. Les directeurs y logent tous.

La bibliothèque est très riche; on y compte plus de 90,000 volumes. L'observatoire, qui se trouve dans le même endroit, est abondamment fourni d'instruments tels que cercle mural, télescopes, pendules de correction, etc. Un des professeurs nous a fait voir la planète Vénus. C'est là aussi que les professeurs de peinture, sculpture, architecture font leurs cours. Le jardin botanique est assez bien garni de plantes, tant indigènes qu'exotiques.

Le grand hôpital est un bâtiment immense; c'est un des établissements les plus vastes du monde; il peut contenir plus de 8,000 malades. Les dortoirs sont spacieux, et l'air y circule aisément. Le lazaret, construit au xve siècle pour les pestiférés, a aussi de magnifiques proportions : quatre grands portiques de 1,200 pieds de long chacun, soutenus par de petites colonnes, entourent la cour. Il y a trois cents chambres séparées l'une de l'autre. Au milieu, il y a une rotonde où l'on peut entendre la messe.

Le jardin public est de toute beauté. Le cours de la porte de Venise est très fréquenté par le monde élégant ; on y voit une foule d'équipages et de voitures.

La salle de spectacle de la Scala est aussi grande et aussi belle que celle de Paris; elle est richement décorée. La toile du théâtre, qui représente l'Olympe, est d'un artiste fameux. Si les changements de décors s'exécutaient aussi bien qu'à Paris, j'aurais été plus satisfait ; mais les Italiens, qui excellent dans tous les arts, n'entendent rien à la mécanique. Leur orchestre est très bon ; leurs danseuses valent, à peu près, les nôtres.

Les femmes de Milan sont belles, mises avec beaucoup d'élégance, et je puis t'assurer qu'elles ne sont pas cruelles; mais lorsqu'elles vous font un cadeau, on s'en souvient longtemps. Il ne faut pas leur en vouloir, c'est le climat qui veut ça.

La force armée est à présent peu de chose ; on est en train de l'organiser, et elle sera mise sur le même pied qu'en France.

Pendant mon séjour à Milan, on a procédé à une réduction de moitié pour les deux Conseils. Le Directoire n'est plus composé que de trois membres. J'ignore ce qui a pu engager notre gouvernement à faire ces réductions ; mes connaissances en politique ne s'étendent pas assez loin pour le deviner.

De Milan, j'ai été visiter Lodi. La ville est assez bien bâtie, les rues y sont larges, et presque toutes alignées. Je n'ai pas manqué de voir de près le fameux pont sous lequel passe l'Adda, et dont il est tant parlé dans les campagnes de Buonaparte. Je l'ai examiné de très près et de toutes les positions, et je n'y ai rien trouvé d'extraordinaire. Des habitants et des militaires, qui ont assisté à ce combat, m'ont assuré que l'importance de ce pont n'avait été que dans le rapport sur l'affaire.

De Lodi, je me suis rendu à Pavie, où j'ai vu un de mes bataillons. La ville est très ancienne, grande et de belle apparence. Il y a une célèbre université et un cabinet d'histoire naturelle intéressant. La salle de spectacle est très jolie ; elle ressemble, pour la disposition, à celle de Milan, mais elle est beaucoup plus petite.

Pour entrer dans la ville du côté du sud, il y a un superbe pont de pierre, dont la longueur est de 518 pieds ; c'est un pont couvert, sous lequel passe le Tessin. A un quart de lieue, du même côté, coule une autre rivière, sur laquelle est un pont de bateaux. Elle sert de limite aux Cisalpins et aux Piémontais.

A une lieue et demie, sur la route de Milan, est située la célèbre Chartreuse (la Certosa). L'église est bâtie en marbre, l'extérieur est admirable par la magnificence de ses reliefs. A l'intérieur, il y a vingt chapelles de chaque côté, faisant face à la porte d'entrée. Moitié des autels est en reliefs du plus beau marbre, moitié en marbre uni de différentes couleurs, ce qui fait un effet merveilleux ; le tout est incrusté d'agates, topazes, lapis-lazuli, jaspes et autres pierres précieuses. Le maître-autel est surtout remarquable par sa beauté et sa richesse. Parmi les plus beaux tableaux, je te signalerai celui qui représente le massacre des Chartreux à Londres, sous le règne de Henri VIII. Le tombeau de Jean Galéas Visconti, fondateur de ce monastère, est un chef-d'œuvre. Enfin, il faudrait un in-folio pour te décrire toutes les merveilles qu'on voit dans ce couvent. Il manque plusieurs tableaux, qui ont été enlevés par Buonaparte pour le musée de Paris.

A une lieue de Pavie, la route de Voghera traverse le Pô sur un pont de bateaux long de 1,204 pieds. Je n'ai rien vu de bien remarquable dans cette ville. Après ce voyage, je suis rentré à Tortone, où je suis toujours avec mon état-major. Sous peu, je me propose d'aller visiter aussi Parme et Plaisance.

On vient de découvrir une conspiration qui ne tendait à rien moins qu'à égorger tous les Français en Italie. Nos chefs ont été heureusement avertis à temps et toutes les mesures propres à faire échouer ce projet ont été prises.

J'oubliais de te dire qu'étant à Milan, j'ai été voir le général en chef (1). Il m'a fort bien reçu et m'a retenu à dîner. Il m'a fait son compliment sur la bonne tenue, la discipline et l'instruction de ma demi-brigade. Je vois avec plaisir qu'elle jouit dans cette armée de la même réputation qu'à l'armée du Rhin. L'inspecteur général m'a fait les mêmes éloges.

Adieu, mon ami, je t'embrasse ainsi que ta femme et ma nièce.

24

De la citadelle de Turin, le 9 brumaire an VII de la République française (30 octobre 1798).

J'ai reçu, mon cher ami, ta lettre en date du 6 vendémiaire. J'ai écrit aussitôt à mon cousin Petit pour lui indiquer comment il doit s'y prendre pour faire venir son fils dans le corps que je commande. Dès qu'il sera ici, je pousserai son instruction et je le ferai entrer, aussitôt que possible, soit à mon bureau, soit à celui du quartier-maître (2). Tu vois que ce sera pour lui un service bien doux.

Nous occupons la citadelle de Turin depuis quinze jours. Je n'ai pas encore pu voir les beautés de la ville, parce que depuis plus d'un mois je souffre des fièvres. Je suis encore très faible et peux à peine marcher. Dès que ma santé m'aura permis de

---

(1) Joubert, successeur de Brune (Suchet, chef d'état-major).
(2) Trésorier.

trotter par la ville, je te ferai la description de tout ce que j'aurai vu.

Je ne sais pas encore de quelle armée mon corps fera partie; je désirerais bien être de celle qui doit aller en Sicile.

Ma collection de monnaies s'augmente tous les jours. Elle vaut dans ce moment-ci plus de douze cents livres, valeur de francs. J'ai une pièce d'or qui, à elle seule, vaut six louis. Elle est de la grandeur d'un écu de six livres.

Je suis fâché d'apprendre que mon père n'ait pas fait une meilleure vendange. Dans ce pays-ci, la récolte a été abondante et le vin ne coûte presque rien. Nos soldats s'en donnent tant et tant.

Adieu, ton sincère ami.

25

IÉE D'ITALIE.
—
ision Grouchy.

Citadelle de Turin, le 18 frimaire an VII de la République française (8 décembre 1798).

Dans ma dernière lettre, mon cher ami, je te disais que j'avais attrapé les fièvres et que j'en étais très éprouvé. Je suis rétabli depuis une huitaine de jours et peux m'occuper de la défense de la citadelle. On croit que les affaires vont tout à fait se brouiller avec le roi sarde, car il paraît que nos ambassadeurs (1) vont quitter la ville et venir habiter avec nous à la citadelle, ainsi que tous les Français de la ville.

Le général Ménard, qui commandait ma division, a été renvoyé à Milan (2). C'est le général Grouchy qui le remplace. Il est

---

(1) L'ambassadeur de la République française (Eymar) et le ministre de la République cisalpine.

(2) « La citadelle de Turin était depuis un couple de mois occupée par les troupes françaises ; mais il paraissait convenable de changer quelques-uns des officiers qui y avaient été employés pendant le temps que des relations amicales existaient entre la République et le roi de Sardaigne ; au moment où elles

arrivé le 11 de ce mois et nous a lu une proclamation du général en chef. Notre nouveau général a toute notre confiance (1).

Depuis plus d'un mois et demi que je suis ici, je n'ai pas encore pu visiter la ville; je ne puis rien t'en dire.

Tous les Piémontais et les autres étrangers qui étaient employés à la citadelle ont été renvoyés en ville. J'ai été obligé de congédier aussi mon domestique qui est de Livourne; il était dévoué et m'avait été utile pendant ma maladie, mais c'est l'ordre. Un de mes bataillons est détaché dans la province d'Albe; il a mis les royalistes à la raison (2).

Adieu et reçois mon salut amical.

---

devaient se transformer en démonstrations hostiles, les mêmes hommes ne pouvaient convenir à des circonstances différentes.

« En conséquence, le général Joubert me donna ordre, le 27 novembre, de partir à l'instant de Milan et de venir prendre le commandement de la citadelle de Turin, qu'il regardait, me dit-il, comme devant être bientôt son avant-garde. » (*Mémoires du maréchal Grouchy.*)

(1) P. J., nº 25.

(2) P. J., nº 26.

26

ÉE D'ITALIE.
—
ÉTAT-MAJOR
place de Turin.

Turin, le 18 nivôse an VII de la République française, une et indivisible (7 janvier 1799).

Boutrouë, chef de la 68e demi-brigade de bataille, commandant la place (1), à son frère.

Je reçois à l'instant ta lettre, mon cher ami; tu as dû voir par les *Nouvelles* que la guerre avec le roi de Sardaigne a été vite terminée.

J'étais bien loin de savoir, je t'assure, ce qui se passait si près de moi, relativement aux affaires de Naples, de Toscane et du Piémont (2). Le plus grand secret a régné pendant toute la durée des mouvements que faisaient les troupes; elles ignoraient les motifs et le but de leurs marches et contremarches. Nous apprîmes enfin que ma demi-brigade était désignée pour l'expédition sur la ville. Je t'en dois le récit. En voici, en quelques traits, le tableau fidèle (3) :

(1) P. J., n° 27.

(2) Allusion aux intrigues de Victor-Emmanuel IV avec le roi de Naples et le grand-duc de Toscane, et à la marche de Joubert sur Turin.

(3) Il est assez curieux de comparer ce récit avec celui de Grouchy, dans son *Rapport secret* au Directoire sur la prise de Turin. (P. J., n° 28.)

Dès le 15 du mois dernier, le général en chef nous avait adressé les instructions relatives à notre mission; tout l'honneur de l'expédition sur la capitale devait revenir à un détachement de ma demi-brigade. La troupe demeura quatre jours consignée à la citadelle, qui fut mise en état de faire une défense opiniâtre : canons et obusiers en garnissaient les murs. Mais ces préparatifs de résistance furent inutiles.

Nous sortîmes de la citadelle et je me présentai à la tête de trois compagnies de grenadiers à l'arsenal de la place et m'en rendis maître. Ce premier pas ne fut que le prélude de nos succès. Sans perdre de temps, je m'emparai aussi des portes de la ville occupées par les troupes sardes. Nous fîmes notre entrée dans la ville où un morne silence régnait partout. Les habitants, encore indécis, portaient sur nous des regards remplis de défiance; mais devant nos ménagements et notre modération, le peuple nous combla bientôt de sa reconnaissance. Devenu libre, il nous salua du titre glorieux de libérateurs. Cette opération, hardiment conduite, ne fit qu'exciter l'enthousiasme du peuple et j'eus l'avantage d'entendre les cris mille fois répétés de : *Vive la République française! Vive la* 68e *demi-brigade! Vive nos libérateurs!*

Le soir, à onze heures, le roi est sorti de la ville pour se retirer dans l'île de Sardaigne, sous l'escorte d'un piquet de cavalerie sarde et d'un pareil nombre de troupes françaises.

Turin est dans ce moment le symbole de l'union et de la concorde. Le drapeau tricolore flotte sur les remparts, la cocarde aux trois couleurs est devenue la décoration nationale. Le 21, nous avons planté l'arbre de la Liberté; une illumination générale a été ordonnée et elle a été exécutée avec le meilleur goût.

Les rois doivent trembler pour eux; ils peuvent voir avec quelle facilité on renverse un gouvernement monarchique.

On vient d'organiser la garde nationale. Un gouvernement provisoire est établi, ainsi qu'une nouvelle municipalité.

L'ordre ayant été troublé à plusieurs reprises, surtout dans les salles de spectacle, par le patriotisme trop exalté de quelques citoyens, j'ai adressé aux habitants de la ville une proclamation que je t'envoie (1). Elle a produit tout l'effet que j'avais lieu d'en attendre.

(1) P. J., n° 29.

Tu vois, par là, que je commande pour le moment la place de Turin. Ce n'est pas peu de chose, surtout dans un moment de révolution. Je ne tiens pas à être investi longtemps de cet honneur.

Palatin (1) est fort sensible à ton souvenir. Il est dans ce moment couché fort mollement sur un sopha de soie cramoisie. François est toujours à mon service.

J'oubliais de te dire que ces jours derniers le général en chef m'a fait présent d'un joli cheval de quatre ans et demi.

Adieu, je t'embrasse ainsi que ta femme.

27

IÈE D'ITALIE.
—
11e *division.*

De Campo fredo en Ligurie, le 23 messidor an VII (11 juillet 1799).

Nous avons quitté Turin, mon cher ami, pour l'armée active (2) le 17 floréal. J'avais conservé le commandement de la place jusqu'à la fin de ventôse (3), ce qui ne m'a pas empêché de présider le conseil de guerre de la division pendant un mois. Tu vois que les occupations ne m'ont pas manqué. La municipalité de Turin et le gouvernement provisoire, par l'organe de leurs présidents, m'ont témoigné leurs regrets de me voir quitter la place (4).

Tu me dis que mes lettres de Turin ne te sont pas toutes parvenues; les communications avec la France n'étaient pas bien sûres, elles vont le devenir moins encore.

Depuis mon départ de Turin, j'ai toujours été dans l'impossibilité de t'écrire, au milieu de toutes les marches que nous avons été obligés de faire. Pendant ce temps, j'ai reçu le commandement d'un corps important composé d'infanterie, de cava-

---

(1) Boutroué avait donné ce nom à son chien, en souvenir de la campagne du Palatinat, où il l'avait accompagné.

(2) 2e coalition. Campagne contre les Austro-Russes.

(3) P. J., n° 30.

(4) P. J., nos 31 et 32.

lerie et d'artillerie (1). A présent, nous sommes un peu plus tranquilles ; j'en profite pour te donner de mes nouvelles.

Ma demi-brigade est toute dispersée. Mon premier bataillon est à l'armée de Toscane (2), mon second est avec moi ; quant à mon troisième, il occupait la citadelle de Turin, mais on vient de m'assurer que la citadelle s'était rendue (3) et que mon bataillon avait été fait prisonnier de guerre. Il doit être maintenant rentré en France. La capitulation porte, dit-on, que les corps emmèneront leurs équipages. Je le souhaite, car j'avais laissé toutes mes malles à la citadelle. Mon premier bataillon doit venir me rejoindre ; j'ignore s'il a beaucoup souffert dans sa retraite, mais je sais qu'il a été très éprouvé à la bataille de la Trebbia.

Le deuxième, que je commande, s'est trouvé à plusieurs affaires importantes, notamment à celle du 2 de ce mois (4), où il s'est couvert de gloire ainsi que toute la brigade (5). Depuis très longtemps je n'avais vu une affaire aussi chaude. L'ennemi a perdu, dans cette journée, 3,000 hommes tués ou blessés, 2,000 prisonniers et 5 pièces de canon. Si la nuit ne fût venue, nous eussions certainement pris toute son artillerie et ses bagages. Ma perte s'est montée à 212 hommes, tant tués, blessés que faits prisonniers, ce qui est beaucoup pour un seul batail-

---

(1) P. J., n° 33.

(2) Division Montrichard, Macdonald commandant en chef.

(3) Le général Wukassowich était entré à Turin le 27 mai ; mais la citadelle, assiégée par le général Kaim, ne se rendit que le 12 juin.

(4) Victoire de San-Giuliano (20 juin 1799), remportée par Moreau sur Bellegarde.

(5) Brigade Colli, sous les ordres de Grouchy. Tous les écrivains militaires, Jomini, Thiers, Grouchy, etc., font l'éloge du général Colli.

« C'est une chose digne de remarque, dit Jomini, qu'au moment où les Italiens abandonnaient la cause des Français, le général piémontais Colli, qui avait si bien fait la guerre contre eux, vint offrir ses services à Moreau. Celui-ci les accepta avec confiance, présumant que son dévouement et sa loyauté contribueraient à ramener les soldats piémontais sous les drapeaux républicains. »

Dans son récit de la bataille de Novi, Thiers rend aussi hommage à la valeur de Colli : « Le brave Colli, ce général piémontais, qui s'était si distingué dans les premières campagnes contre nous, et qui avait ensuite pris du service dans notre armée, se forme en carré avec quelques bataillons, résiste jusqu'à ce qu'il soit enfoncé et tombe tout mutilé entre les mains des Russes. »

lon. A l'affaire du 27 floréal (1), j'avais déjà perdu 94 hommes.

Si nos revers ne nous eussent pas forcés d'abandonner le Piémont, je serais maintenant marié à Turin, à la ci-devant comtesse de Ricaldone, jeune veuve de trente ans et très fortunée; nous sommes toujours en relations. Si les renforts qui doivent nous arriver de France viennent bientôt, nous ne tarderons pas sûrement à reprendre le Piémont. C'est alors, mon ami, que j'irai à Turin tenir l'engagement que j'ai pris de m'unir à ma maîtresse.

J'ai laissé en dépôt chez cette dame la somme de 3,466 livres, argent de France, tant en pièces d'or que d'argent; ma collection de monnaies et médailles, huit paires de bas de soie neufs, six gilets blancs, six cravates et trois culottes; j'ai la reconnaissance du tout. Je lui ai donné l'adresse de mon père et la tienne, et, s'il m'arrivait un événement fâcheux pendant la campagne, vous pourriez lui réclamer cette somme et mes effets.

Mon cousin Petit, que j'avais laissé à Turin avec mon 3e bataillon, a été fait prisonnier dans cette ville; il est maintenant en France, et viendra me rejoindre s'il parvient à se faire échanger.

Adieu, mon ami; je t'embrasse ainsi que ta femme, et suis bien sincèrement ton ami.

P. S. — L'adresse de ma maîtresse est : Madame Agliaga, Camille, Montegrone, veuve Ricaldone, près le théâtre Carignan, à Turin.

---

(1) Premier combat de San-Giuliano (16 mai).

La funeste bataille de Novi eut lieu peu après, le 16 août. Boutrouë y fut fait prisonnier avec Colli, son général de brigade, en protégeant la retraite de l'armée (1). « Il ne restait plus que la faible brigade Colli. La réserve de cavalerie, après des prodiges de valeur sur le plateau en avant de Pasturna, avait cédé au torrent ; néanmoins, Colli, ignorant le désastre de l'aile gauche, suivit à la lettre ses premières instructions : il arriva, en combattant, à l'entrée du village, et s'y maintint jusqu'à neuf heures, faisant face de toutes parts. Instruit alors de la retraite de l'armée il allait opérer la sienne, lorsqu'il fut pris à dos par le prince Bagration. Cette attaque inopinée dispersa ses troupes fatiguées, et il resta seul avec la 68e, déterminé à vendre chèrement sa vie. Ces braves gens, enveloppés, succombèrent sous les coups redoublés des Russes ; le petit nombre qui survécut à la défaite fut fait prisonnier avec l'intrépide Colli, qu'on releva du champ de bataille grièvement blessé. » (Jomini.)

(1) A la bataille de Novi, le 28 thermidor an VII, le chef de brigade, chargé de soutenir la retraite avec son 1er bataillon, fut enveloppé de toutes parts et séparé du reste de l'armée. Il ne cessa de donner l'exemple du courage le plus intrépide, comme celui du dévouement le plus héroïque. (Extrait des états de services du colonel Boutrouë. Voir P. J., n° 1.)

28

Limoges, 14 vendémiaire an VIII de la République (6 octobre 1799).

Tu auras, sans doute, appris par mon père, mon bon ami, que j'avais été fait prisonnier de guerre à la bataille de Novi, le 28 thermidor dernier, à la dernière heure de la lutte avec messieurs les Russes. J'ai été rendu sur parole le 4 fructidor, et, depuis cette époque, je suis en route pour me rendre à Niort, dans le département des Deux-Sèvres, où est maintenant mon 3e bataillon, celui qui a été fait prisonnier à Turin (1). J'y resterai jusqu'à mon échange. En attendant ce moment, je me propose d'aller vous voir, si toutefois ma présence n'est pas nécessaire dans ce nouveau pays, où la chouannerie se fait encore sentir (2).

Pour que tu sois à même de voir sur ta carte la route que j'ai tenue jusqu'ici, je vais te donner les noms des principales villes par où je suis passé : Novi, Gênes, Savone, Oneglia, San-Remo, Nice, Draguignan, Toulon, Marseille, Avignon, Montélimart, Vienne, Roanne, Clermont, Aubusson, Bourganeuf.

Le commissaire des guerres ne m'ayant pas encore fait ma

---

(1) Il était dans les usages militaires de l'époque de renvoyer dans l'intérieur les garnisons prisonnières de guerre. Le gouvernement s'engageait, bien entendu, à ne plus employer ces troupes à l'extérieur jusqu'à leur échange. C'est ainsi que la première pacification de la Vendée put être opérée, grâce au concours des garnisons de Mayence, Valenciennes, etc.

(2) Dernière insurrection de 1799, fomentée par d'Autichamp, Cadoudal, etc.

continuation de route pour Niort, je ne sais pas par où je passerai.

Les événements qui sont survenus à Paris pendant le courant de l'été (1) auraient dû, dans d'autres temps que ceux-ci, produire d'heureux résultats. Mais je vois qu'ils ont passé sans amener aucun changement favorable, par la raison que l'aveuglement dont sont affligés les arbitres de nos destinées est tel qu'aucun d'eux n'aperçoit le gouffre qui s'ouvre sous ses pas. Jamais la postérité ne pourra croire aux facilités que trouvent aujourd'hui les méchants et les aigrefins pour réussir. Il semble que chacun s'empresse à leur aplanir les difficultés, et pourtant, quoiqu'il y ait assurément bien des gens corrompus, nous ne sommes pas dégénérés à ce point; la masse de la nation, au fond, est bonne, ou, du moins, si elle ne l'est pas effectivement, activement, elle ne demande qu'à l'être; je puis te l'affirmer, car j'ai observé bien des choses en traversant nos départements du Midi. Il faut naturellement conclure de tout cela que ceux qui, par leur position, pourraient châtier, anéantir les uns et protéger les autres sont véritablement bien coupables, et qu'ils assument sur leur tête une grande et terrible responsabilité. Cependant, il ne faut pas perdre tout espoir, parce que, d'un moment à l'autre et à l'instant où l'on s'y attend le moins, il peut arriver des événements qui changent totalement la face des affaires. Au surplus, dussions-nous être les dupes d'éternelles illusions, ne fermons jamais nos cœurs à l'espérance.

J'ai lu avec beaucoup d'intérêt tous les détails de ta dernière lettre. J'approuve d'autant plus les travaux que tu as fait faire cet été dans ta maison, qu'ils donnent plus de valeur à ta propriété, et qu'ils augmentent encore tes modestes jouissances.

Je t'écrirai aussitôt arrivé à Niort.

Adieu, mon ami; je t'embrasse.

---

(1) Coup d'État du 30 prairial an VII (18 juin 1799).

29

E DE L'OUEST
—
/ISION MILITAIRE.
—
Subdivision
: la Vendée.

De Fontenay-le-Peuple, le 18 pluviôse an VIII de la République française (7 février 1800).

J'ai reçu, mon cher ami, ta lettre en date du 5 pluviôse. Il paraît que tu n'as pas reçu ma dernière, en date du 1er nivôse. Je t'accusais réception de la lettre de ma maîtresse de Turin, que tu m'as renvoyée. Je ne t'ai pas écrit depuis ce temps ; l'aurais-je fait, que mes lettres ne te seraient pas parvenues, car toutes nos correspondances étaient interrompues par messieurs les Chouans.

Avant la paix (1) faite avec eux, nous occupions les Sables-d'Olonne, Saint-Gilles, la Roche-sur-Yon, les Herbiers et Fontenay. Tous ces endroits sont très éloignés les uns des autres, et mes détachements ne pouvaient correspondre entre eux. Maintenant que nous avons la paix, je te donnerai plus souvent de mes nouvelles.

Quelques jours avant la pacification de la Vendée, nous leur avons donné une belle frottée près les Sables ; nous leur avons tué beaucoup d'hommes et en avons noyé une soixantaine dans les marais des Sables. Nous leur avons fait, en outre, 300 prisonniers, mais on leur a fait grâce, même à ceux que nous avons pris déguisés (2).

Nous sommes assez tranquilles, et il paraît que tous les habitants sont très contents d'être en paix. Dieu veuille que cela dure. Je crains pourtant que, quand nous irons les désarmer, ils

(1) Paix de Montfaucon (18 janvier 1800).

(2) « Les chefs de cantonnements étaient invités à faire déguiser leurs hommes pour tâcher de surprendre les rebelles. Ce moyen n'était pas nouveau. Afin de rendre à leurs ennemis déguisement pour déguisement, les Chouans s'étaient pourvus, en grand nombre, d'uniformes républicains. Pour déjouer cette contre-ruse, il fut convenu que les troupes mettraient à leur cocarde un rameau de houx. » (Théodore Muret, *Histoire des guerres de l'Ouest.*)

ne fassent un peu la grimace. C'est après cette opération que nous pourrons compter sur une paix solide.

Je suis charmé que messieurs les Chouans n'aient pas pu réaliser leurs projets dans notre pays, et qu'enfin tes propriétés soient restées intactes.

J'ai oublié jusqu'à ce jour de te parler de mon brave *Palatin;* il a été fait prisonnier de guerre à l'affaire du 23 floréal, devant Valence; depuis ce temps je n'ai pas entendu parler de lui; mais il n'a pas dû s'habituer avec les Russes, car il ne les aimait pas beaucoup. Comme j'ai encore une vingtaine de mes officiers prisonniers qui ne tarderont pas à rentrer en France, j'espère encore que quelqu'un d'entre eux me le ramènera. En attendant, j'ai un autre chien; il est tout jeune et je ne négligerai rien pour lui donner une brillante éducation. Ces jours-ci je lui donnerai des maîtres. Il s'appelle *Souvarow.*

J'ai reçu dernièrement une lettre de l'ami Pasquenot, capitaine commandant la gendarmerie dans le département de la Charente, à la résidence d'Angoulême. C'est par hasard que j'ai appris sa présence dans ce pays. Je comptais bien lui écrire, mais il m'a prévenu en écrivant le premier. Il a su mon retour en France par un grenadier de mon corps, de passage à Angoulême.

La pacification de la Vendée va me décider à demander au ministre de la guerre un congé de quelques décades pour aller voir ma famille; j'espère qu'il ne me le refusera pas. Je ferai en sorte de n'obtenir ce congé que dans les premiers jours du printemps.

J'ai toujours François à mon service. J'avais avec lui un autre domestique qui était Piémontais, mais le gaillard n'a pas pu s'accoutumer à coucher en plaine; aussi m'a-t-il bien vite quitté. Je l'ai remplacé par le frère de François, qui était au service d'un de mes chefs de bataillon tué à la bataille de la Trebbia, près de Plaisance.

Je suis sensible au souvenir de mes amis de La Ferté-Bernard. Veuille bien leur dire mille choses honnêtes de ma part.

Je t'embrasse et suis ton ami.

30

Fontenay-le-Peuple, le 25 germinal an VIII de la République française (15 avril 1800).

J'ai reçu, mon cher ami, ta lettre en date du 24 du mois dernier. Je n'ai pas pu y répondre plus tôt, parce que j'ai été faire une tournée à La Rochelle et à Rochefort. Dans ce dernier port, j'ai vu lancer le *Du-Guay-Trouin*, vaisseau de 80 pièces de canon ; il y en a un autre de 120 pièces sur le chantier, c'est la *République*. Sous peu, je vais faire une tournée dans les départements de l'Ouest, en passant par Nantes.

J'ai reçu une lettre de mon père qui m'annonce la triste nouvelle de la mort de ma sœur ; j'en ai été bien vivement affecté. Mon père désirerait me voir aller en congé à Chartres. Je vais, en conséquence, demander un congé au ministre ; j'espère l'obtenir, attendu que je ne suis pas encore échangé, malgré tes démarches, et que nous venons de terminer le désarmement de ce département. Cette opération m'a encore coûté un sergent et quelques grenadiers qui ont été assassinés par ces brigands.

Le préfet du département est ici depuis une dizaine de jours ; j'ai été lui faire visite ; le soir, je lui ai fait donner une sérénade par les musiciens de mon corps. Il est venu me voir quelques jours après. C'est un homme aimable et d'un physique assez heureux. Il organise dans ce moment les différents services de son département. Ses administrés le voient avec plaisir.

Je pense que le printemps t'aura guéri de ton indisposition. Pour moi, je suis toujours bien portant, malgré les fatigues de la dernière guerre et quelques petites galanteries attrapées dans le cours de mes voyages.

Adieu, je t'embrasse ainsi que ta femme.

31

De La Rochelle, le 10 prairial an VIII (30 mai 1800).

J'ai reçu, mon ami, avec bien du plaisir, ta lettre en date du 9 de ce mois. Je n'ai pas pu y répondre plus tôt, à cause des mouvements que nous avons faits dans la région.

Nous sommes à poste fixe pour quelque temps et je m'empresse de te répondre.

Nous étions destinés à aller tenir garnison dans les îles de Ré, d'Oléron et d'Aix, mais on n'y envoie qu'un bataillon. Pour mon compte, je n'en suis pas fâché. J'aime beaucoup mieux rester à La Rochelle. C'est une ville très jolie où il y a une bonne société. Je compte pourtant aller aux îles pour m'y promener; elles sont peu éloignées d'ici.

J'espérais avoir un congé pour aller vous voir, mais je ne pourrai pas l'obtenir. Le ministre ne veut pas me l'accorder dans ce moment. Je le solliciterai de nouveau dans quelques mois pour me trouver avec vous aux vendanges.

Il y a près de deux mois que je n'ai pas reçu de nouvelles de mes deux bataillons qui sont encore en Italie. Je pense qu'ils sont toujours bloqués dans Gênes; mais grâce à l'armée de réserve qui est en train de prendre les Autrichiens à dos, ils seront bientôt délivrés.

Bonaparte est en Piémont et sous peu il sera à Turin.

Je n'ai pas reçu de nouvelles de ma belle future depuis les dernières lettres d'elle que tu m'as fait passer. Je pense en recevoir sous peu, surtout si, comme on le dit, les passages sont redevenus libres.

Adieu, je t'embrasse et suis bien sincèrement ton ami.

Liberté.  Egalité.

32

ÉE DE L'OUEST
—
12e *division.*

A Saintes, le 20 messidor an VIII de la République (9 juillet 1800).

Boutrouë, chef de la 68e demi-brigade, chargé de la levée et organisation des réquisitionnaires et conscrits du département de la Charente, à son frère.

Tu n'auras pas appris sans plaisir, mon cher ami, la nouvelle de la fameuse bataille de Marengo, heureuse journée où l'on a vu ce que peut la valeur française secondée par le génie et enflammée par la présence d'un homme comme le Premier-Consul.

D'autres batailles ont été plus brillantes, mais nulle n'a eu de suites plus décisives, puisque d'un seul coup toutes les places du Piémont et des Apennins, Gênes, Coni, Turin, etc., sont retombées en notre pouvoir par suite de la capitulation. Nous marchons à pas de géant, par la victoire, à la paix qui est l'objet bien constant des vœux de notre gouvernement.

Je viens d'écrire à Turin à ma belle. Tu sais que lors de notre retraite du Piémont je lui avais laissé en dépôt argent, bijoux et effets. Par suite des heureux événements qui viennent de s'accomplir, je vais me voir un peu dédommagé de mes pertes.

Je t'ai écrit de La Rochelle il y a plus d'un mois; je ne sais si tu as reçu ma lettre. Je t'annonçais que je n'avais pas pu obtenir de congé du ministre. Je viens enfin d'en obtenir un de quatre décades pour me rendre à Chartres, mais je ne vais pas encore pouvoir en profiter, le général en chef de l'armée de l'Ouest (1) m'ayant chargé de la levée et organisation des réquisitionnaires et conscrits du département de la Charente-Inférieure. Dès que ma mission sera terminée, je compte en profiter, à moins qu'un ordre supérieur ne vienne encore à m'appeler ailleurs.

J'ai commandé dans ces derniers temps la subdivision de la Charente-Inférieure (2), c'est sans doute ce qui aura engagé le général en chef à m'employer à cette besogne-là.

Je t'embrasse ainsi que ta femme. Ton ami.

33

A Saintes, le 6 vendémiaire an IX de la République française, une et indivisible (28 septembre 1800).

Je viens, mon ami, de recevoir ta lettre en date du 17 du mois dernier, avec celle que tu m'as fait passer de mon amie de Turin.

J'arrive de tournée où je suis resté un mois. Les pays de Marennes et de Rochefort sont si malsains, que j'y ai attrapé les fièvres; depuis huit jours seulement elles ont bien voulu me lâcher. Je suis encore très faible. Je te suis bien obligé des nouvelles démarches que tu as bien voulu faire pour mon échange qui tarde bien.

Mon ennuyeuse besogne ne s'est pas passée sans quelques petites difficultés (3); elle touche heureusement à sa fin. Ainsi j'espère bien aller vous voir au commencement de brumaire.

Tu dois connaître à présent les bonnes nouvelles de l'armistice continué et du gage de paix donné par l'Empereur. On attend la réponse de l'Angleterre; la voilà entre deux feux et peut-être la chauffe-t-on encore en Portugal; elle finira, j'espère, comme elle le mérite, si elle ne se hâte d'accéder au traité général ou particulier. On est ici, dans les villes comme dans les campagnes, ivre de joie et d'espérance. Du reste, il est visible

---

(1) Brune, commandant en chef; Hédouville, lieutenant général.
(2) P. J., n° 34.
(3) P. J., n° 35.

que le gouvernement s'affermit, s'épure et avance chaque jour vers des améliorations de toute espèce.

Adieu, je t'embrasse.

34

A Saintes, le 4 brumaire an IX de la République française, une et indivisible (26 octobre 1800).

J'ai reçu, mon cher ami, ta dernière lettre, et si je n'y ai pas répondu plus tôt, c'est que, de jour en jour, je comptais partir pour Paris.

Ma mission est terminée, et je suis encore à attendre l'ordre du ministre pour me rendre auprès de vous; mais je crains bien que ce nouveau retard ne m'amène un ordre du gouvernement pour opérer la conscription de l'an IX. Ce ne serait pourtant pas trop de mon goût; mais tu sais que, dans notre métier, on ne fait pas souvent à sa volonté.

Tu n'es sûrement pas sans avoir appris la réforme de généraux et officiers de tout grade qu'on fait dans l'armée. Déjà 41 demi-brigades sont réduites à deux bataillons, ce qui met une trentaine d'officiers à la suite dans chaque demi-brigade. Celle que je commande n'est pas de ce nombre, heureusement. Les deux bataillons que j'ai encore en Italie vont, je pense, rentrer en France pour se réorganiser; ils sont réduits à peu d'hommes. Mon 3e bataillon, qui est assez fort, est revenu à La Rochelle, après un court détachement aux îles de Ré et d'Oléron. Je t'assure que la réunion de tout mon corps est l'objet de tous mes vœux, et me fera un vif plaisir.

J'ai écrit, ces jours derniers, au Premier Consul, pour le féliciter d'avoir échappé au couteau des assassins (1). Voici le contenu de ma lettre :

« En partageant la joie universelle sur l'événement qui vous

---

(1) Les jacobins Demerville, Arena, ancien membre des Cinq-Cents, le peintre Topino-Lebrun et le sculpteur Ceracchi avaient projeté d'assassiner le Premier Consul à l'Opéra. La conspiration fut découverte à temps par Fouché; les quatre complices furent arrêtés et exécutés (10 octobre 1800).

a soustrait aux coups du crime, et l'indignation publique sur l'attentat qui allait priver la France de son premier magistrat et du plus illustre de ses citoyens, et la replonger, sans doute, dans les troubles dont il a fallu tout votre génie pour l'en sortir, je n'ai pas cru que mes félicitations, confondues dans la lettre collective que vous adressent les citoyens de Saintes (où une mission essentielle me retient), auraient suffisamment rempli mon devoir dans cette circonstance.

« J'ai voulu vous en transmettre de plus positives, d'abord en ma qualité de chef de corps, et, en second lieu, parce que je tiens à être le fidèle interprète de la partie de ma troupe qui se trouve à La Rochelle, et qui sait apprécier un mérite aussi élevé que le vôtre et la perte qu'elle allait faire.

« Salut et respect. »

J'ai écrit à mon père ces jours derniers ; je ne sais ce qu'il aura eu de pièces de vin cette année.

Je me trouve quelquefois avec tes anciens collègues de la Convention : Bernard et Garnier, de Saintes, et Ruaux, de Surgère. Ils te font leurs amitiés.

Le préfet François est nommé conseiller d'État; nous ne connaissons pas encore son successeur.

35

A Saintes, le 15 brumaire an IX de la République française, une et indivisible (6 novembre 1800).

J'ai reçu ta lettre en date du 2 de ce mois, mon cher ami ; tu dois, dans ce moment, en avoir une de moi, nos lettres s'étant croisées.

La mission dont m'avait chargé le général Hédouville est enfin terminée. J'ai, sur ma demande, obtenu l'ordre de rejoindre mon 3e bataillon à La Rochelle. J'y attendrai le congé que j'ai sollicité du ministre de la guerre ; celui que j'avais obtenu de lui, il y a six mois, ne peut plus me servir.

Mes deux premiers bataillons sont encore à Lucques ; ils ne tarderont pas à quitter l'Italie ; je les attends dans deux mois tout au plus.

Depuis mes fièvres, j'ai conservé une grande faiblesse d'estomac, qui me fait sentir que j'ai plus de quarante ans et neuf campagnes sur le corps. Mon médecin m'assure que c'est la suite ordinaire de ces maladies, et qu'avec un peu de régime, je me rétablirai. Je souhaite qu'il dise vrai ; car, pour un chef de corps, la vigueur physique est une des premières qualités. Le régime ne me coûte point, étant sobre par tempérament ; mais je compte beaucoup plus sur l'air natal pour le rétablissement complet de ma santé.

T'ai-je dit que notre préfet était nommé conseiller d'Etat ? Son successeur est le citoyen Guillemardot, ex-ambassadeur en Espagne. Je regrette le préfet François, avec qui j'avais d'excellents rapports. Il m'a écrit hier une lettre fort honnête (1).

Adieu ; je t'embrasse, en attendant le plaisir de te revoir.

36

Nantes, le 20 frimaire an IX de la République française, une et indivisible (11 novembre 1800).

Je suis arrivé à Nantes, mon cher ami, en très bonne santé. Cette ville, depuis vingt ans, est si changée, que je ne la reconnaissais plus. Il y a des quartiers entiers qui ont été bâtis depuis ce temps. Une salle de comédie, sur la place de la Liberté, a été la proie des flammes ; les débris laissent encore une idée de ce que pouvait être ce superbe édifice. Je n'ai pas encore eu le

(1) P. J., n° 36.

temps de visiter la ville, mais je me propose, un de ces jours, de la parcourir, ainsi que les environs. Je t'en ferai alors une description exacte.

Avant mon départ de Saintes pour La Rochelle, je te disais que j'avais écrit au ministre de la guerre pour obtenir de lui un congé de quelques décades. Il paraît que la rupture de l'armistice (1) l'empêche d'adhérer à ma demande, puisqu'il ne m'a pas répondu.

Le général Chabot, commandant la 12e division militaire, vient de me nommer président du 1er conseil de guerre de sa division. J'en suis d'autant plus flatté, que mes deux premiers bataillons rentrent en France et viennent ici en garnison. Je serai sur les lieux pour la réorganisation de ma demi-brigade.

J'ai fait obtenir un congé de quatre décades à mon cousin Petit; il sera sous peu dans le sein de sa famille. Je suis fâché de ne pouvoir l'accompagner jusqu'à Paris, où l'on m'attend depuis longtemps. Je n'ai cependant pas tout à fait perdu l'espoir d'aller vous voir cette année, mais il n'y faut pas penser pour le moment. Quand la réorganisation de ma demi-brigade sera terminée, je pourrai plus facilement m'absenter de mon corps.

Je dîne, le 24 du courant, chez le général Chabot. J'y rencontrerai le préfet du département, notre ami Le Tourneur, de la Manche, ex-directeur. Mon brevet de chef de brigade est signé de lui ; il était alors président du Directoire.

L'horizon politique n'est pas encore éclairci. On parle de paix, d'alliances; on parle aussi de la continuation de la guerre. Toutes ces conjectures si diverses sont bien hasardées ; le plus sage est, je crois, de ne pas en former. Quant à moi, mon désir particulier est celui d'une bonne paix. Je me joins en cela aux amis de l'humanité. Ce qui doit nous flatter, c'est la pacification de la Vendée ; ses habitants bénissent le nouvel ordre de choses, qui leur assure la tranquillité. Cette guerre était, suivant moi, un chancre politique qui aurait infailliblement rongé les fondements de la République, et amené la chute du plus bel Etat du monde.

Je t'embrasse, ainsi que ta femme et ma nièce.

---

(1) Armistice de Parsdorf, prolongé par la convention de Hohenlinden pour l'Allemagne. Convention d'Alexandrie prolongée par celle de Castiglione pour l'Italie.

37

MÉE DE L'OUEST
—
12e division.

A Nantes, le 20 pluviôse an IX de la République française, une et indivisible (9 février 1801).

Il y a un siècle, mon cher ami, que je n'ai reçu de tes nouvelles; je commence à m'inquiéter et à craindre que quelque maladie ne t'empêche de m'écrire.

Mes deux premiers bataillons, enfin revenus d'Italie, sont dans la division depuis près de deux mois. Juge du plaisir que cela m'a fait de voir tout mon corps réuni. Tous mes officiers m'ont témoigné la plus vive satisfaction de me revoir. Je vais maintenant m'occuper de recompléter ma demi-brigade, où il y a beaucoup de vides en cadres et en soldats. Mon déficit va encore s'augmenter par un détachement de cent et quelques hommes, qui sont destinés à passer à bord de la frégate *la Chiffonne* et de la corvette *la Flèche*, pour servir d'escorte aux individus condamnés à la déportation. J'ignore encore leur destination; les uns prétendent qu'ils vont à Madagascar, d'autres à Cayenne.

Par contre, plusieurs militaires sortant d'un dépôt de marine viennent d'être incorporés dans ma demi-brigade. De ce nombre se trouve Chevallier, mon ancien camarade de Chartres. Il a eu bien des malheurs, sa vie a été un tissu de mauvaises chances; il est vrai qu'il n'a jamais rien fait pour les combattre, au contraire. Il a encore eu le malheur de se casser la jambe en sautant d'une voiture; il est ici à l'hôpital, où j'ai été le voir. Sa situation est triste; il manque absolument de tout. Voilà où mène le plus souvent l'inconduite. Quoi qu'il en soit, je vais lui procurer les soins que son état exige. Il est mon ami et malheureux, raison de plus pour ne pas l'oublier. Il m'a chargé d'écrire à ses parents, ce que j'ai fait de suite en leur dépeignant sa triste situation; je les ai priés aussi de m'envoyer de l'argent pour lui, je ne le lui remettrai qu'au fur et à mesure de ses besoins.

Adieu; je t'embrasse, ainsi que ta femme, et suis bien sincèrement ton ami.

38

De Nantes, le 10 germinal an IX de la République française, une et indivisible (31 mars 1801).

Boutroüe, chef de la 68e demi-brigade d'infanterie de bataille, commandant par intérim la subdivision de la Loire-Inférieure, à son frère.

J'ai reçu, mon cher ami, ta lettre du 5 ventôse dernier. Je t'assure que j'étais bien inquiet de ta santé, car, depuis plus de six mois, je n'avais plus entendu parler de toi.

Comme tu me le fais fort bien observer, le traité de paix (1) conclu avec l'Autriche fait rentrer en pleine activité tous les prisonniers de guerre. Je n'ai donc plus à me préoccuper de mon échange.

Mon 3e bataillon est à peine rentré de Turin, où il avait été fait prisonnier à la citadelle, et déjà le ministre de la guerre vient de m'envoyer l'ordre de le faire partir de suite pour se rendre à l'*armée d'observation* (2). Cette armée, comme tu le sais, doit opérer contre messieurs les Portugais, s'ils s'obstinent toujours à rester les fidèles alliés de l'Angleterre. Je m'attends de jour en jour à partir pour cette armée avec les deux autres bataillons sous mes ordres.

Ainsi, tu vois, mon cher ami, que, de quelque temps, je ne puis espérer un congé pour aller vous voir. Dans ce moment, mon départ en congé serait tout à fait impossible, car, outre mes fonctions de chef de corps et celles de président du 1er conseil de guerre de la division, le commandement de la subdivision de la Loire-Inférieure vient de m'être déféré depuis un mois (3). Je t'assure que je ne manque pas de besogne.

Nous célébrons aujourd'hui la fête de la Paix. La joie est peinte sur toutes les figures. Voilà donc enfin assuré le prix de

(1) Paix de Lunéville.
(2) Armée d'observation de la Gironde, aux ordres de Gouvion-Saint-Cyr.
(3) P. J., n° 37.

nos victoires! Elles nous ont donné la paix continentale. Puisse-t-elle bientôt être suivie de la paix générale.

Si tes affaires te le permettent, tu ferais fort bien de venir faire un tour à Nantes; tu retrouverais dans cette ville plusieurs de tes anciens collègues de la Convention; ils seraient heureux de te voir.

Je t'embrasse de tout mon cœur, ainsi que ton épouse et ta fille.

39

De Nantes, le 12 prairial an IX de la République française (1er juin 1801).

Je reçois à l'instant, mon cher ami, ta lettre qui m'annonce que sous peu j'aurai le plaisir de te voir ici. Je vais avoir bien de l'impatience jusqu'à ce que ta promesse soit réalisée. Tu sais combien je t'aime, ainsi tu peux croire combien ta visite me flattera.

Ma demi-brigade n'est plus ici depuis quinze jours. Elle est partie pour aller occuper La Rochelle, Rochefort, l'île d'Aix, etc. Mon troisième bataillon, qui faisait partie de l'armée d'observation, est placé sous les ordres de l'amiral Bruix. Il est, dit-on, destiné à une expédition maritime (1). Moi, je reste à Nantes pour y commander la subdivision de la Loire-Inférieure et présider le conseil de guerre de la division, attendu que mon corps ne quitte pas l'armée de l'Ouest, du moins mes deux premiers bataillons. Ainsi, tu vois, mon cher ami, que je ne puis aller te voir, puisque je suis attaché à ce département. Raison de plus pour que tu viennes le plus tôt possible.

Je ne sais si de vos côtés l'esprit public est meilleur que dans ce département. Ici, le gouvernement n'a de partisans sincères que parmi les fonctionnaires; on peut compter aussi sur une faible partie de la population des cités, principalement parmi les habitants de Nantes, du Croisic et de Paimbœuf.

---

(1) On formait à Rochefort un corps expéditionnaire annoncé ouvertement pour les Antilles; mais l'intention secrète de Bonaparte était de l'envoyer en Égypte au secours de Menou.

Les habitants des campagnes sont égarés par les suggestions des prêtres. Peu de ces derniers se sont soumis, dans cette région, à la loi qui les appelle tous à une promesse de fidélité au gouvernement; ils s'en targuent en public et ne craignent pas d'insulter à tout ce qui a servi la Révolution ou fait des vœux pour ses succès. Ils ne croient pas à l'existence de la République, surtout depuis la rentrée des émigrés. Aussi ambitieux que turbulents pour la plupart, ils exploitent contre l'autorité une faveur que les émigrés ne doivent qu'à la clémence nationale ; ils représentent hautement cette mesure généreuse comme une preuve de faiblesse de la part de nos gouvernants qui, disent-ils, reconnaissant enfin que la France ne peut se maintenir en république, veulent, par gradation, la ramener aux formes anciennes.

Malgré l'égarement et le fanatisme de ces campagnards, il n'y a plus de soulèvement sérieux à redouter, encore bien qu'ils y soient conviés par les hommes qui ont su capter leur confiance.

Le brigand Dessole qui, pendant les derniers troubles, pénétra dans ce pays à la tête de sa bande, ne put, malgré la terreur qu'il répandait, recruter au delà d'une centaine de jeunes gens, et encore l'abandonnèrent-ils à la première occasion.

Dans les villes, les émigrés rentrés sont plus tranquilles, mais les jeunes gens qui n'ont pas émigré et qui ont été amnistiés après la pacification du Morbihan, se montrent fort arrogants. Comme ils ont tous des permis de port d'armes, ils se réunissent par groupes de sept à huit et se promènent d'un lieu dans un autre, en traînant avec affectation de grands sabres à la hussarde. Pour ne pas leur donner d'importance, on ne s'inquiète pas de leurs allées et venues, tant qu'ils n'ameutent personne ; c'est ce qu'il y a de mieux à faire.

Je t'envoie mon adresse : rue Contrescarpe, n° 2; ainsi, tu ne pourras pas te tromper quand tu arriveras à Nantes. Du reste, tout le monde dans la ville te renseignera ; j'y suis assez connu.

Je suis ton ami.

40

De Nantes, le 16 thermidor an 9e de la République française (4 août 1801).

Je suis charmé, mon cher ami, de l'arrangement que nous avons fait avec notre père. Il sera plus tranquille que s'il avait continué son commerce. Mais une chose m'inquiète, c'est la crainte que cette somme de 800 francs ne puisse suffire à ses besoins. Tu sais comme moi, mon bon ami, qu'à son âge il est bien dur d'avoir des privations, et j'aurais toujours à me reprocher, s'il devait en être ainsi, une ingratitude envers un père qui me fut toujours cher et surtout dans ce moment où la fortune nous met tous les deux à même de nous acquitter d'une dette aussi sacrée envers lui. Tant que j'aurai mon état, je ne suis point en peine, mais je puis être tué dans une action ou mourir dans mon lit. Cette idée-là me fait faire des réflexions, non pas pour moi — tu me connais assez pour savoir que la mort ne m'effraye pas — mais pour mon père. En conséquence, mon intention est d'y parer en faisant une autre petite acquisition dont le revenu augmenterait d'autant celui de 800 francs que nous nous obligeons de lui faire annuellement.

Si, de ton côté, tu peux faire aussi quelque chose, il sera plus à son aise. Dans quatre ou cinq mois, j'aurai sûrement des fonds qui me sont dus. Tu voudras bien te charger de les employer pour l'usage qui me tient à cœur.

Je suis débarrassé depuis la fin de messidor du commandement de la subdivision (1), mais je continue à présider le conseil de guerre de la division.

Je te suis bien reconnaissant du désir que tu me renouvelles de faire faire la connaissance de ma femme à la tienne (2). Ce sera pour un peu plus tard, quand mon fils pourra être du voyage. Si j'avais obtenu un congé l'année dernière, je vous l'aurais amenée, car c'est dans les commencements du ménage qu'on doit se donner du bon temps. Les femmes! les femmes!

---

(1) P. J., n° 38.

(2) Le colonel Boutrouë avait épousé, dans le courant de l'an VIII, une demoiselle de La Rochelle.

je les plains autant que je les aime! A peine ont-elles passé quelques mois en ménage, que la ceinture s'arrondit, on devient mère, nourrice, etc., et on ne peut plus quitter la maison. C'est toujours dès le principe du ménage qu'une femme devrait faire ses voyages. Tu dois reconnaître la précision de mon raisonnement.

Adieu et reçois mon salut amical.

41

De Nantes, le 6 vendémiaire an x de la République française (28 septembre 1801).

Je viens de recevoir ta lettre du 3e jour complémentaire, mon cher ami, par laquelle tu m'annonces que tu vas tirer à vue sur moi pour la somme de 500 francs. Je te préviens que je ne puis pas te payer ce mois-ci : 1° parce que je viens d'éprouver une terrible maladie; 2° parce que depuis deux mois nous ne sommes pas payés.

Je vais écrire au Ministre pour avoir une convalescence de deux mois; j'ai besoin de respirer l'air natal pendant quelque temps.

Les médecins de Nantes m'avaient tous abandonné; ils prétendaient que je devais en mourir. Du reste, ils ont fait tout ce qu'il fallait pour me conduire au tombeau : j'ai été saigné, purgé, drogué, baigné, etc. Je viens de leur prouver en ressuscitant qu'ils étaient des f.... bêtes. Je suis hors d'affaire, mais mes jambes sont de la chiffe.

Pendant les 5 jours complémentaires je suis resté sans connaissance.

Je t'embrasse de tout mon cœur ainsi que ta femme.

42

De Nantes, le 12 vendémiaire an x de la République française (4 octobre 1801).

J'ai reçu, mon cher ami, ta lettre du 9 de ce mois. Tu parais désirer connaître le genre de ma maladie. En deux mots je vais te satisfaire.

Je suis tombé sérieusement malade il y a un mois; pendant les trois premiers jours j'ai été incommodé par une très grande quantité de bile. J'ai passé ensuite quatre jours sans connaissance ou plutôt dans un assoupissement continuel; j'avais les extrémités froides et les dents si serrées qu'on était obligé de me faire ouvrir la bouche de force pour m'introduire des calmants de quart d'heure en quart d'heure; avec cela le hoquet de l'agonie. J'ai enfin recouvré la parole, et depuis ce moment, je me trouve aussi bien qu'une grande faiblesse peut le permettre.

Mes officiers m'ont entouré de soins. Leurs femmes, qui se connaissent mieux à gouverner un malade, se sont empressées autour de moi et ont passé les nuits à me veiller avec la mienne.

Dès que j'aurai reçu mon congé du ministère, je t'en ferai part. Je t'embrasse avec amitié.

43

De Nantes, le 8 brumaire an 10e de la République française (1er novembre 1801).

Ma santé est maintenant tout à fait bonne, mon cher ami. Je crois que de ma vie je ne me suis si bien porté.

Dans le cas où le Ministre m'enverrait mon congé, je ne partirais toujours que dans les premiers jours de frimaire. Je ne sais pas encore comment je me rendrai chez toi, si ce sera à cheval ou en voiture : au surplus, je me déciderai quand j'aurai mon congé en poche.

1000 hommes de ma demi-brigade sont destinés pour Saint-

Domingue (1); ils doivent partir sous peu de jours avec la flotte de Rochefort. J'ai déjà 200 hommes de mon corps à Madagascar.

Mon fils qui va avoir ses neuf mois me fait endiabler ; il crie presque continuellement. Les commères disent que tous les enfants en sont là quand ils font leurs dents. Que ne les a-t-il déjà toutes !

Nous faisons ici de grands préparatifs pour la fête des préliminaires de la paix (2), qui aura lieu le 18 du courant. Je pense bien qu'à Grées la garde nationale sera sous les armes ce jour-là, banquet et bal ensuite, et que les illuminations de ta maison attireront les habitants des communes environnantes.

Je t'embrasse, ainsi que ta femme et ma nièce.

44

De Nantes, le 22 nivôse an x de la République française (12 janvier 1802).

Ma demi-brigade est réduite à zéro, mon bon ami, depuis que l'escadre de Rochefort est partie; 1200 hommes, joints à 200 que j'ai fournis pour escorter les déportés qui étaient destinés à Cayenne, nous laissent sur le continent environ 70 à 80 hommes, sans compter les officiers et les sous-officiers. Ainsi tu peux juger par ces chiffres qu'il y a autant d'officiers que de soldats. Voilà un corps qui, au complet, doit être porté à 3,200 et tant d'hommes !

Nous attendons de jour en jour le général qui doit nous inspecter, mais j'ignore s'il sera question de la réorganisation de ma demi-brigade à sa revue. Dans tous les cas, je pense bien

---

(1) 2e expédition de Saint-Domingue, forte de 36,000 hommes et commandée par le général Leclère, beau-frère de Bonaparte. Les troupes embarquées sur l'escadre de Rochefort comprenaient la 15e légère, les 56e, 68e et 90e demi-brigades, la légion de la Loire, le 19e dragons et l'artillerie. Cette division était sous les ordres du général Boudet.

(2) Préliminaires de paix entre la France et l'Angleterre, signés à Londres, le 1er octobre 1801.

que s'il y a des réformes, elles ne peuvent m'atteindre, puisque je suis un des plus anciens chefs de brigade de l'armée, et que plusieurs fois j'ai refusé le grade de général de brigade. Au surplus, je me résigne aux *décrets de la Providence* : avec 1500 fr. de retraite un soldat peut vivre.

Nous avons ici les grandes eaux. Les quais sont submergés, les îles du fleuve ont, en partie, disparu. On va, dit-on, aller en bateau dans les rues qui avoisinent la Loire ; ce sera un spectacle curieux. Je suis heureusement dans un quartier où l'eau ne peut pas monter.

Mon fils qui est sur sa première année se porte à merveille ; il commence à devenir intéressant ; il parlera, je crois, avant d'avoir ses dents. Il est très grand pour son âge ; des personnes prétendent qu'il sera plus haut que son père, ce qui n'est pas peu dire. Ce qui me fait plaisir, c'est qu'il rit dès qu'il voit un sabre ou un fusil. Avec un goût pareil il ne peut devenir que bon soldat. A sa naissance je l'ai enveloppé dans les drapeaux de ma demi-brigade, c'est sans doute ce qui lui aura donné l'âme martiale. Ces jours-ci je lui avais donné pour jouer une gravure représentant un père capucin ; il était sur mes genoux auprès du feu ; il la regarda un moment et puis la jeta au feu, après avoir craché dessus. Il s'est amusé ensuite avec mon sabre pendant plus d'une heure et s'est mis à crier dès que j'ai voulu le lui retirer. *Qualis pater, talis filius.*

Adieu. Madame me charge de vous faire ses civilités.

45

De Nantes, le 8 ventôse an X de la République française (27 février 1802).

Je suis toujours en bonne santé, mon cher ami, ainsi que ma petite famille. Il n'y a pas d'apparence que j'aille à Saint-Domingue ; d'un côté cela ne me fait pas de peine, car je n'aime pas infiniment l'eau.

Il n'y a pas d'autres changements dans la réorganisation des demi-brigades que leur réduction à 2,054 hommes, tout compris ; elles étaient auparavant de 3,260 hommes. Quelques-unes ont été réduites à deux bataillons ; la mienne est conservée à trois. Le Ministre, qui vient de me l'annoncer, me donne l'espoir de la voir bientôt au complet. J'en serai bien aise, car il ne me reste plus sur le continent que l'état-major, le cadre des officiers, celui des sous-officiers et environ 80 soldats.

Je compte aller le mois prochain à l'île de Rhé où se trouvent les débris de ma demi-brigade. Je n'ai pas encore de nouvelles des 1500 hommes que j'ai fournis pour l'expédition de Saint-Domingue.

Tous mes projets de congé sont évanouis. Je ne compte même plus avoir le plaisir de vous voir cette année ; le premier consul veut qu'aucun chef de corps ne s'absente pendant l'an x.

J'ai dîné dernièrement chez le préfet ; j'y ai rencontré le citoyen Joubert, commissaire ordonnateur ; il m'a chargé de ses amitiés pour toi.

Adieu. Je t'embrasse.

46

De Nantes, le 9 germinal an x de la Republique française (31 mars 1802).

Les *Nouvelles* ont dû t'instruire, mon bon ami, de la conduite qu'a tenue mon 3e bataillon devant la capitale de Saint-Domingue (1). Tu peux juger par là que partout où s'est trouvé mon corps, il a toujours fait parler de lui d'une manière distinguée.

Je n'ai pas encore pu me rendre à l'île de Rhé, comme je te l'avais annoncé, le général étant parti pour Paris ; mais j'espère toujours que le mois prochain ne se passera pas sans que j'aie rejoint mon corps.

Je t'embrasse, ainsi que ta famille.

---

(1) Prise de Port-au-Prince, le 6 février 1802, par les troupes de la division Boudet.

47

De Nantes, le 15 prairial an x de la République française (4 juin 1802).

Mon ami, je viens encore de fournir 120 hommes de ma demi-brigade pour Saint-Domingue. Tu vois qu'on ne m'épargne point. Les dernières nouvelles de ce pays ont dû t'instruire que mon corps s'y distingue toujours (1).

J'ai enfin obtenu du général d'être relevé de mes fonctions de président du conseil de guerre (2). Je vais donc pouvoir me rendre à l'île de Rhé où se trouvent les débris de ma demi-brigade.

Je pars demain, mais je compte rester quelques jours à La Rochelle, chez les parents de ma femme; elle y est déjà rendue avec son fils.

Je t'embrasse, ainsi que ta famille.

48

De l'île de Rhé, le 17 messidor an x (5 août 1802).

J'ai reçu ta lettre, mon cher ami, avec bien du plaisir. J'étais inquiet sur ta santé et sur celle de notre père qui, par sa der-

(1) La 68e demi-brigade était passée aux ordres du général Pamphile-Lacroix, qui avait remplacé le général Boudet, grièvement blessé, le 11 mars, à l'assaut du fort de la Crête-à-Pierrot, défendu par Dessalines.

(2) P. J., n° 39.

nière, me faisait part de sa maladie et de ton indisposition. Je suis bien tranquille sur ton compte, mais je le suis moins sur celui de notre père. Il commence à n'être plus jeune et sa maladie est sérieuse; il faut espérer que notre ami Compain qui le gouverne pourra le tirer d'affaire, ce que je désire bien sincèrement.

Je suis arrivé ici le 26 du mois dernier, après être resté dix jours à La Rochelle chez les parents de ma femme. Le passage de la mer, quoique court, m'a un peu bouleversé la bile; il n'y paraît plus maintenant. D'ailleurs, la belle réception que m'ont faite les officiers de mon corps n'a pas peu contribué à me rendre la santé. Les fêtes qu'ils m'ont données ont duré huit jours. Ma femme et mon fils ont été bien accueillis par les dames du corps.

Je ne suis pas en fonds pour le moment, mais dans un mois ou deux je pourrai envoyer à mon père une centaine d'écus et plus si je le puis. Je vais lui écrire à ce sujet.

Je crois t'avoir dit dans le temps que j'avais fourni un détachement à bord de la frégate *la Chiffonne* et un autre à la corvette *la Flèche*. La première a été prise par les Anglais et la seconde a été coulée bas. Les équipages ont été sauvés. Cela s'est passé au combat du 1er fructidor an IX. Plusieurs hommes ont été tués, d'autres ont perdu des membres. Le capitaine commandant ces détachements qui ont été à Madagascar, à l'île de France, etc., est rentré au corps ces jours derniers avec 36 hommes bien portants et 10 estropiés. 5 hommes sont encore à l'île Mahé, archipel des Seychelles, 12 autres sont restés à l'île de France avec le commandant de la corvette; ils doivent revenir en France dès qu'ils seront relevés. Le capitaine m'a rapporté un singe très bien apprivoisé. Mon fils est dans la joie; il en a fait son ami.

Mon troisième bataillon est toujours à Saint-Domingue. Il a beaucoup souffert dans ces derniers temps. Le chef a été tué avec plusieurs autres officiers; les blessés sont très nombreux; la fièvre jaune a fait aussi de grands ravages.

Ne peux-tu pas disposer de quelques jours et venir me voir ici. J'ai un lit à te donner et plusieurs choses curieuses à te montrer dans l'île. Cela me ferait bien plaisir ainsi qu'à ma femme. Elle vous dit mille choses honnêtes. Je t'embrasse.

49

De Saint-Martin, île de Rhé, le 6 fructidor an x (24 août 1802).

Nous sommes à Saint-Martin, mon cher ami; la place est entourée de fortifications faites sur le plan que Vauban en avait donné. Le port est oblong et coudé vers le milieu; les vaisseaux y sont en sûreté. Une compagnie occupe la citadelle.

L'île a cinq lieues trois quarts de longueur; sa largeur est irrégulière; le contour est de quatorze lieues et demie, sans compter les marais salants. Il y a beaucoup de vignobles qui produisent communément, dit-on, 25,000 tonneaux de vin (le tonneau fait 4 poinçons de notre pays) et presque le double dans les années de grande abondance. Le vin est médiocre, mais on en fait des eaux-de-vie excellentes. Le pays est bien peuplé; il comprend six paroisses et plusieurs villages. On y compte 2,000 habitants environ. La population est belle, les femmes sont fortes et robustes. Le climat est sain et on y vit moins chèrement que dans aucun pays du continent.

Nos plaisirs ne sont pas très brillants, surtout dans cette saison; mais l'hiver, paraît-il, c'est bien différent : les concerts, les bals que la garnison donne aux habitants et que ceux ci lui rendent font passer le temps agréablement. Mes occupations se bornent, pour le moment, à faire arpenter chaque jour à ma troupe l'esplanade de la citadelle. Nos recrues arrivent lentement; mon effectif n'est encore que de 509 hommes. On nous en annonce une grande quantité pour le mois de vendémiaire.

Mon fils, qui marche et parle bien, devient chaque jour plus intéressant. Il est tous les jours à voir exercer les soldats; la musique lui plaît beaucoup. Quand les officiers lui demandent : « A qui sont ces soldats-là ? » il répond : « C'est à papa ! » — « Et ces fusils-là ? » — « C'est à papa ! » Enfin, tout m'appartient. Dès qu'il est rentré à la maison, il répète à tue-tête tous les commandements qu'il a entendus. Sa mère a toutes les peine du monde à l'empêcher de répéter tous les jurons qu'il entend à l'exercice. Ce qui le frappe le plus, ce sont les grenadiers, surtout quand ils ont leur bonnet à poil. Dès qu'il aura ses deux ans, je le ferai encadrer dans une de ces compagnies.

Si tu vois l'ami Rouault, dis-lui bien des choses de ma part. S'il veut entreprendre un voyage cette année, il peut venir me voir dans mon île; nous mangerons d'excellents poissons de mer et des coquillages exquis. Enfin, j'aurai bien du plaisir à le revoir. Accompagne-le, si tu peux.

Il paraît que mon troisième bataillon de Saint-Domingue va former le noyau d'un des régiments coloniaux que l'on doit organiser là-bas. Ma demi-brigade resterait ainsi à deux bataillons; j'en serais fâché.

Adieu, je t'embrasse ainsi que ta femme et ta fille.

50

De Saint-Martin, île de Rhé, le 4 frimaire an XI (25 novembre 1802).

Boutrouë, chef de la 68e demi-brigade d'infanterie, commandant l'île de Rhé, à son frère.

J'arrive de Nantes, mon cher ami, où je suis resté un mois plein pour y juger une affaire des plus importantes (1).

On vient de me remettre ta lettre du 23 brumaire, celle du juge de paix du canton de Chartres-Nord et une autre du citoyen Collin, notre ami commun, qui m'annoncent toutes la perte que nous venons de faire du meilleur des pères. Cette affligeante nouvelle m'a causé une telle révolution que ma santé s'en trouve encore éprouvée.

Je ne crois pas pouvoir me rendre à Chartres à cause du commandement que j'exerce en ce moment dans l'île de Rhé. Tu te serviras de ma procuration pour arranger nos affaires. Je te prie seulement de ne pas faire vendre l'argenterie de notre père; mon intention est d'en avoir la moitié, et si tu peux t'en passer, je m'arrangerais bien du tout avec toi, car j'en ai besoin, tenant maison.

C'est pour juger le nommé Mac Carthy (2) que j'ai été appelé

---

(1) Voir H. J., nos 40 et 41.

(2) Prêtre suspect « ayant trempé dans la chouannerie, prévenu de guet-apens nocturne et de tentative d'assassinat dans les landes de Treillières. » (Archives départementales de la Loire-Inférieure.)

à Nantes. Cette affaire a rempli six séances du conseil de guerre et cinq à six mille habitants y assistaient.

J'ignore s'il est de la famille des Mac Carthy qui sont de nos côtés. Tout ce que je sais, c'est qu'il se nomme Jean-Baptiste Mac Carthy, fils de Dermat Mac Carthy et de Honorée O'Connor, né dans la paroisse d'Ennistimond, diocèse de Killennora, comté de Clarc, en Irlande, âgé d'environ 37 ans, prêtre catholique. Nous l'avons condamné, le 22 du mois dernier, à la peine de mort ; il s'est pourvu en revision, le 23 dudit, et le conseil de revision, qui est le régulateur de nos conseils, et qui ne juge que sur la forme, a confirmé notre jugement, le 2 frimaire courant. Le jugement a reçu son exécution le lendemain, sur la place du Bouffay, à trois heures de l'après-midi.

Ce scélérat, avant de mourir, a écrit deux lettres à l'évêque. Le premier jour de sa comparution à nos audiences, il s'est confessé, et depuis ce moment jusqu'à sa mort, messieurs ses bons confrères ne l'ont point abandonné. Ils lui ont fait faire tout ce qu'ils ont voulu et entre autres choses ses deux lettres à l'évêque. Ils craignaient sans doute que, conservant son ton récriminatoire, il ne dévoilât publiquement quelques-uns de leurs secrets et surtout leurs intrigues avec le fameux Allot (1). Cet Allot est un prêtre de ses amis qui a figuré dans le procès et qui, avant cette époque, était en odeur de sainteté à Nantes où ses dupes lui ont plus rapporté que les rois Mages à Jésus de Nazareth. Depuis il a décampé.

Si tous les charlatans de son espèce pouvaient être ainsi démasqués, le règne de l'imposture et de la scélératesse sacerdotales ne serait pas de longue durée. Il faut vivre dans l'espérance qu'un jour cette secte impie et sanguinaire, qui a fait le malheur du genre humain, verra ses crimes mis à jour, et que le bon peuple, qui croit encore à ses discours, ouvira les yeux et rougira de s'être prosterné si longtemps devant ses bourreaux ! Heureusement que notre Premier Consul sait les apprécier ; le plus haut magistrat de la République les contraindra bien à se renfermer dans les bornes de la saine morale (2).

(1) Autre prêtre suspect « ayant pris une grande part aux horreurs de la chouannerie, ayant assassiné de sa propre main et tenant des cérémonies extravagantes, soi-disant religieuses ». (Archives départ. de la Loire-Inférieure.)

(2) Il ne faudrait pas juger des véritables sentiments du colonel Boutrouë

Je ne te citerai qu'une phrase d'une des lettres écrites par Mac Carthy à l'évêque : « Lorsque la présente vous sera remise, je serai probablement jugé par mon Dieu... Je tremble, mais j'espère ; accordez à *mon âme défunte* cette bénédiction que je sollicite et implore les larmes aux yeux ». Ne trouves-tu pas comme moi, mon bon ami, que ce prêtre soi-disant catholique a des expressions bien matérialistes ?

Cette affaire-là nous avait été renvoyée par le tribunal de cassation. Figure-toi que le défenseur officieux de Mac Carthy ne nous trouvait pas compétents pour le juger. Voici ce que je lui ai répondu comme président du conseil : « Je ne connais pas vos règlements civils ; les règlements militaires me sont mieux connus ; ils me disent : tu as reçu l'ordre de te rendre ici pour juger un prévenu. Cet ordre, citoyen défenseur, nous rend compétents ».

Mon intention est de me fixer de vos côtés, si je venais à me retirer du service. Si tu trouves quelque petite métairie qui puisse me convenir, je te prie de m'en donner avis.

Je t'embrasse, ainsi que ta femme.

51

Ile de Rhé, le 6 ventôse an XI de la République française, une et indivisible (25 février 1803).

Non, mon cher ami, il ne faut pas compter que j'aille vous voir. Je ne puis dans ce moment m'absenter de mon corps, et,

---

par cette diatribe dans le goût de l'époque. Il est mort en brave soldat et en bon catholique ; son testament, rédigé à l'hôpital de Vérone, en fait foi : « Le vingt-cinq brumaire an quatorze, moi, Jules-Alexandre Boutrouë, fils de Laurent-François Boutrouë et de Marie-Louise Ligeon, originaire de Chartres, département d'Eure-et-Loire, colonel au 56e régiment de ligne et officier de la Légion d'honneur, considérant qu'étant, par la grâce de Dieu, sain d'esprit et de sentiment, mais seulement blessé dans le corps à la bataille de Caldiero, je dispose de tous mes biens et facultés par le présent acte écrit par une personne de confiance, de la manière suivante :

« Et premièrement, comme vrai catholique, je recommande mon âme au Tout-Puissant pour qu'elle soit digne de l'éternité. Je lègue, etc... »

quand je le pourrais, j'y regarderais à deux fois, à cause de la dépense que m'occasionnerait ce voyage. Tu vas en juger.

Je suppose que j'obtienne un congé de deux mois :

Appointements de ces deux mois,		833 fr.	} 1,483	
Logement	—	— 100 —		
Fourrages	—	— 100 —		
Supplément de solde		— 450 —		
Pour aller et revenir, à peu près..........			500	
		Total.......	1,983 fr.	

Mon absence, tu le vois, me coûterait 2,000 francs. J'aime beaucoup mieux consacrer une partie de cette somme à un placement sur le prix d'une petite métairie, comme je te l'ai déjà dit. D'ailleurs mes intérêts sont entre tes mains, et je suis tranquille là-dessus.

Quant à mon argenterie, tu peux toujours la mettre à la diligence à La Ferté-Bernard ; elle passera à Nantes et de là à La Rochelle et ici.

Adieu, je t'embrasse, ainsi que ta femme et ma nièce.

52

Ile de Rhé, le 25 germinal an XI de la République française, une et indivisible (15 avril 1803).

J'adresse par le même courrier, mon cher ami, une lettre de change de trois mille livres tournois sur Paris à ton neveu Jacques Avenant, pour servir au premier payement de la terre de la Bretêche, que tu as eu la complaisance d'acheter pour moi. Me voilà propriétaire, et je voudrais bien que tu me dises en quoi consiste ma métairie de la Bretêche ; cela m'intéresse, tu le comprends. J'aurais bien désiré pouvoir faire passer à Avenant une somme ronde de 5,000 francs, mais il m'a fallu faire l'achat d'une berline de voyage et de deux chevaux pour transporter ma petite famille à la suite de ma demi-brigade jusqu'à notre nouvelle destination, car nous partons d'ici le 30 du courant pour nous rendre à Bourg-en-Bresse, département de l'Ain, où nous arriverons le 26 floréal.

J'ai reçu ta lettre du 1er germinal. Je crains bien de ne pas pouvoir emporter avec moi l'argenterie que tu m'annonces. Au surplus, le directeur de La Rochelle la fera diriger sur Bourg; je lui laisserai des indications en conséquence.

Les préparatifs de ce départ m'occupent beaucoup. Je ne t'en écris pas plus long.

Adieu, nous vous embrassons.

53

De Bourg-en-Bresse, le 4 prairial an XI (24 mai 1803).

Je suis arrivé ici, mon cher ami, le 26 du mois dernier. Nous avons eu continuellement du froid et de la pluie, ce qui n'est guère de saison. Malgré cela, ma demi-brigade a très bien fait cette longue route et nous nous portons tous à merveille.

Le pays que nous occupons est assez joli. Nous sommes à 12 lieues de Lyon, 18 de Genève et 24 de Besançon; cette dernière ville est le chef lieu de la 6e division militaire dont nous faisons partie.

Tu m'as demandé notre itinéraire, le voici : le 1er floréal, La Rochelle; le 2, Rochefort; le 3, Saintes; le 4, Cognac; le 5, Jarnac; les 6 et 7, Angoulême; le 8, La Rochefoucault; le 9, Chabannais; le 10, Saint-Junien; le 11, Limoges; les 12 et 13, Saint-Léonard; le 14, Bourganeuf; le 15, Guéret; le 16, Gouzon (Creuse); les 17 et 18, Montluçon; le 19, Montmarault, le 20, Moulins; le 21, Bellevue-les-Bains; les 22 et 23, Digoin; le 24, Charolles; le 25, Mâcon; le 26, Bourg-en-Bresse.

Ma femme et moi nous vous souhaitons une bonne santé. Monsieur Emile, qui est devenu un peu méchant pendant la route, en fait autant.

Liberté.  Egalité.

54

Genève, le 2 fructidor an XI de la République française, une et indivisible (20 août 1803).

Mon cher ami, notre séjour à Bourg-en-Bresse n'aura pas été de longue durée. Nous sommes ici depuis le 1er thermidor. L'ordre de quitter Bourg nous est parvenu le 27 messidor à neuf heures du soir, pour partir le lendemain matin. Tu vois qu'on ne nous a pas laissé le temps de la réflexion.

La route de Bourg à Genève est très pittoresque, mais la chaleur nous a un peu gâté la beauté des sites.

Je n'ai que deux compagnies détachées de Genève ; elles sont à Sion, Martigny et au Simplon. Ces localités dépendent de la République valaisienne. Mes compagnies y sont employées pour la police et la surveillance des travailleurs de la nouvelle route du Simplon. Je ne puis encore te faire la description de la ville de Genève et de ses environs, n'ayant pas eu le temps de me reconnaître. Tu dois bien penser que je ne manquerai pas d'aller visiter Ferney-Voltaire, qui est à deux lieues d'ici.

Je viens de recevoir l'avis que ma demi-brigade est une de celles qui doivent être portées à 1,000 hommes par bataillon (pied de guerre). Voilà encore pour moi de la besogne dont je ne me plaindrai pas. Malgré toutes ces dispositions-là, je compte toujours sur la paix avec l'Angleterre. Au surplus, nous sommes prêts à marcher.

Mon fils a été reçu dans les grenadiers à la revue du général inspecteur ; il touche sa paye et ses vivres depuis cette époque. Toute ma *ménagerie* est en bonne santé. L'air est si pur ici, qu'on y mangerait le diable.

Si tu étais bien aimable, tu viendrais me voir cette année. Ce pays mérite d'être visité. Lors de ma campagne de l'an VI, j'avais déjà vu le lac Léman, mais dans sa partie orientale. Si tu viens, nous pourrons aller voir la Tarentaise, qui est proche d'ici.

Nous vous embrassons tous. Ton ami.

P. S. — Avant de quitter Bourg-en-Bresse, j'ai reçu un nouveau brevet de chef de brigade, signé du premier Consul.

55

Alexandre Boutrouë, colonel du 56e régiment d'infanterie de ligne, à son frère.

Genève, le 10 frimaire an XII de la République française, une et indivisible (1er décembre 1803).

J'ai reçu, mon bon ami, ta lettre du 22 du mois dernier, qui s'est croisée avec la mienne (1). Tu dois connaître maintenant les résultats de la réorganisation de l'armée.

Je puis à présent te faire la description de Genève et du village de Ferney-Voltaire, que j'ai vu dans les beaux jours.

Genève, par sa situation, semble fait pour inspirer le goût de l'histoire naturelle. La nature s'y présente aux regards sous l'aspect le plus brillant; elle y a une infinité de productions différentes : un lac rempli d'une eau claire et azurée, un beau fleuve, tout autour des collines charmantes qui forment les premiers degrés d'un vaste amphithéâtre couronné par les cimes majestueuses des Alpes; le mont Blanc, qui les domine toutes, revêtu d'un manteau de glaces et de neiges éternelles, traîne jusqu'à ses pieds le contraste étonnant de ses frimas multico-

---

(1) Cette lettre n'a pas été retrouvée. Boutrouë y annonçait certainement à son frère sa nomination au nouveau 56e régiment d'infanterie. Ce régiment, d'après la nouvelle organisation du 1er vendémiaire an XII, venait d'être formé de deux bataillons de la 56e demi-brigade et de deux bataillons de la 68e.

Sa lettre de service figure, du reste, aux pièces justificatives. Nous y avons joint un ordre du jour du Premier Consul, daté du quartier général de Boulogne, relatif à la réorganisation de l'armée et à sa formation en régiments (Voir P. J., nos 42 et 43).

lores, d'un rose tantôt vif, tantôt pâle, avec l'éclatante verdure qui tapisse les coteaux et les basses montagnes. Ce grand spectacle ravit d'admiration et inspire le plus vif désir de connaître et d'étudier en détail toutes ces merveilles.

Le lac de Genève situé au milieu d'une large vallée qui sépare les Alpes du Jura, est aussi connu sous le nom de lac Léman. Le Rhône, en sortant des Alpes du Valais, vient le traverser ; il s'y repose et se dépouille du limon dont il est chargé ; il sort ensuite brillant et pur de ce grand réservoir, comme s'il avait voulu faire toilette pour donner à la ville de Genève, qu'il traverse, le spectacle de ses eaux limpides. A un quart de lieue de la ville, il reçoit l'Arve, qui descend des hautes Alpes, voisines du mont Blanc. Cette rivière a un cours remarquable ; elle est, en outre, intéressante par la variété et la beauté des cailloux qu'elle charrie, sans oublier l'or qui, paraît-il, se trouve mêlé à son sable.

Ferney, où résidait Voltaire, est un village situé dans un superbe bassin à une lieue et demie de Genève. Très gai et très vivant autrefois, il est fort triste aujourd'hui, eu égard à la splendeur de ce temps peu éloigné de nous cependant.

Il n'y a plus rien de remarquable que la maison du célèbre philosophe. Elle est agréablement exposée, entourée d'avenues de peupliers et d'un beau jardin fruitier tout orné de berceaux et de charmilles. A l'intérieur de la maison, dans la chambre où est mort Voltaire, on lit, au-dessus d'un tombeau qui a renfermé son cœur, cette inscription funèbre : *Mes mânes sont consolées, puisque mon cœur est au milieu de vous...*, et plus haut : *Son esprit est partout et son cœur est ici.*

Son mausolée est représenté sur un tableau où est écrit ce quatrain :

Dans ce triste et fatal tombeau
Repose l'ombre de Voltaire.
Pleurez, Beaux-Arts, vous n'avez plus de père
Et l'univers a perdu son flambeau !

Sur un autre tableau où est peint Christophe Colomb, on lit aussi ces vers :

Honneur du Nouveau Monde et de l'humanité
Le sage, aimable et vrai, les guide et les éclaire,
Comme un autre Mentor il cache à l'œil vulgaire
Sous les traits d'un mortel une divinité !

On voit, dans cette même chambre, les portraits de Milton, Delille, Diderot, Newton, Washington, Corneille, d'Alembert, Franklin, Helvétius, Antoine Thomas, Racine, Lekain, Marmontel, Frédéric, roi de Prusse ; le portrait de Voltaire à quarante ans, celui de Catherine, impératrice de Russie, peint par elle-même. Le reste n'a rien de bien curieux.

Deux compagnies de ma demi-brigade, je veux dire de mon régiment, occupent le Valais, où il y a des crétins et des albinos. Je veux t'en dire deux mots. Ces êtres sont imbéciles et ont l'absence totale des facultés intellectuelles; avec cela, la figure la plus hideuse et la plus dégoûtante du monde. L'impression que firent sur moi ces êtres infortunés ne s'effacera jamais de ma mémoire. Le signe extérieur le plus ordinaire de cette affection est un engorgement des glandes du col, qui produit les tumeurs connues sous le nom de goîtres. Tous ceux qui ont des goîtres ne sont pourtant pas crétins ; il y a même, dans l'un et l'autre sexe, des goîtreux qui ont beaucoup d'esprit. Les crétins sont généralement voués à la plus grande inertie. Quoique leurs besoins les excitent aux mouvements indispensables pour la conservation de la vie, on remarque chez eux une apathie et une indolence excessives. C'est surtout dans le Valais, la Maurienne et la vallée d'Aoste, que l'on rencontre des victimes de cette triste infirmité, mais à des degrés différents.

Les albinos redoutent beaucoup la lumière du jour. Ce n'est que le soir, après le coucher du soleil, qu'ils commencent à bien voir.

Le 25 du mois dernier, mon troisième bataillon est parti pour Lyon, où il doit tenir garnison. Mes trois autres bataillons sont ici, mais j'ignore si nous y sommes pour longtemps.

Nous vous souhaitons à tous une bonne santé.

Adieu. Ton ami.

56

Paris, le 11 nivôse an XII (2 janvier 1804).

Mon cher ami, mon départ de Genève a été si précipité, que je n'ai pas pu te l'annoncer.

Le Premier Consul m'a fait la faveur, le 22 frimaire, de me désigner pour commander le deuxième régiment de grenadiers de la réserve (1). C'est à Arras que je dois aller organiser ce corps, formé du bataillon d'élite de mon régiment et d'un autre bataillon tiré du 58e de ligne, aussi un bataillon d'élite. Je conserve néanmoins le commandement du 56e.

En exécution de cet ordre, je suis parti de Genève avec toute ma famille; je m'en suis séparé en passant à Tonnerre, car j'ai dans cette ville mon beau-frère, ma belle-sœur, le papa et la maman. J'ai pris ce parti pour m'éviter l'embarras d'une femme grosse. Ma femme n'est pas encore accouchée; cela ne m'étonne pas, car il a dû se faire une révolution dans la nature et, à ce que disent les commères, les femmes portent, en l'an XII, leurs enfants onze mois!... Ainsi, j'en ai encore deux pour attendre l'arrivée de mon second grenadier! Il m'en coûte doublement d'être obligé de quitter ma femme en ce moment, mais la gloire m'appelle à l'armée d'Angleterre et je ne balance pas.

Mon cousin Petit, chez qui je suis descendu ici, vient de me remettre une lettre de mon régiment: on m'annonce, de Genève, que j'ai été nommé, le 20 frimaire dernier (2), membre de la Légion d'honneur. Ainsi, mon cher, voilà encore un bienfait du gouvernement. Ce qui me flatte le plus dans cela, c'est de ne le devoir qu'à ma manière de servir. Je prêterai serment aussitôt arrivé à Arras (3).

Je compte rester encore ici quatre ou cinq jours pour voir le ministre de la guerre (4) et le grand chancelier (5) de la Légion

---

(1) Voir P. J., n° 44.

(2) L'ordre avait été institué six mois auparavant, le 15 mai 1802. Voir en outre la P. J., n° 45.

(3) Voir P. J., n° 46.

(4) Le maréchal Berthier.

(5) Lacépède.

d'honneur. Je leur dois à l'un et à l'autre une visite. Après ces devoirs remplis, je me rendrai à Arras.

Je t'embrasse et suis ton ami.

57

ARMÉE
D'ANGLETERRE (1).

Grenadiers de la réserve.

Arras, le 5 pluviôse an XII de la République française (25 janvier 1804).

Boutrouë, colonel du 56e de ligne, membre de la Légion d'honneur et commandant par intérim la 1re brigade de grenadiers de l'armée de réserve, à son frère et ami.

Je suis arrivé à Arras, mon cher ami, le 26 nivôse, en joie et santé. Le lendemain, j'ai été faire mes visites aux généraux, comme cela se pratique ordinairement. J'ai eu le bonheur de retrouver parmi eux un mien pays et ami qui m'a fort bien reçu; il est de Châteaudun et s'appelle Clément. Quant aux autres généraux, ils sont très aimables; ils sont officiers supérieurs du palais et attachés au Premier Consul.

---

(1) Plus exactement : armée des côtes de l'Océan.

Les jours suivants, j'ai pris, comme plus ancien colonel, le commandement par intérim de la 1re brigade de grenadiers d'élite. Le général Macon commande la division en l'absence du général Junot, que l'on attend de jour en jour. Ce général commandait à Paris et était aide de camp du Premier Consul.

Dimanche dernier, nous avons passé une revue générale. Cette troupe d'élite formait le plus beau coup d'œil que l'on puisse voir.

Nous avons une assez mauvaise troupe de comédiens; elle est cependant suivie, il faut bien passer son temps à quelque chose le soir. Samedi dernier, les bourgeois de la ville nous ont donné un bal. Aujourd'hui, nous dînons chez le préfet; l'évêque Latour-Maubourg doit y être.

J'ai reçu ta lettre du 24 du mois dernier. J'ai, comme je te l'ai dit, laissé ma famille à Tonnerre. La sœur de ma femme y est établie; elle avait avec elle sa mère, moi j'avais le papa, de sorte que toute la famille se trouve maintenant réunie dans cette ville.

Nous attendons ici le Premier Consul. Il doit nous passer en revue. Nous nous exerçons matin et soir aux nouvelles manœuvres qu'il nous a envoyées et qu'il doit faire exécuter devant lui.

Adieu, mon ami, je t'embrasse ainsi que ta famille.

58

Arras, le 17 germinal an XII (7 avril 1804).

J'ai reçu, mon bon ami, tes deux dernières lettres.

Ma femme est toujours à Tonnerre, chez son beau-frère Daret. Ce Daret était avant la Révolution premier clerc chez un procureur du Parlement; depuis, il a été directeur d'un hôpital et maintenant il vit de son bien qu'il fait valoir. C'est un fort bon enfant.

Mes deux grenadiers se portent bien. Martial, mon dernier, est étonnant de vigueur; il est, dit-on, très fort, on lui donnerait six mois. Emile l'amuse beaucoup et n'est point jaloux des caresses que sa mère lui prodigue. Quoique Mme Boutroüe soit très bien dans sa famille, elle me tourmente beaucoup pour venir me retrouver ici. Une femme de vingt-six ans n'aime pas à rester si longtemps éloignée de son mari, tu en devines bien la cause. Si notre expédition de Londres n'a pas lieu, je pourrai bien la faire venir dans quelque temps. Je ne me sens guère la force de lui refuser ce qu'elle me demande avec tant d'insistance.

Mon régiment de grenadiers est fort de 1,200 hommes sans les officiers; ce sont tous des hommes d'élite. On peut donner un bon coup de collier avec ces lurons-là.

Mon 36e est toujours à Genève, avec 1 bataillon à Lyon et 200 hommes dans le Valais. Ce double commandement me donne assez de besogne.

Nous nous exerçons toujours aux nouvelles manœuvres que nous a envoyées le Premier Consul. Nous l'attendons de jour en jour; l'armée, qui l'aime beaucoup, est impatiente de le voir.

Ma santé est toujours bonne. Je suis à cheval six heures par jour et quelquefois sept, et je n'ai pas trop de mes trois chevaux. Je puis dire que jamais je ne me suis si bien porté. Je suis un peu engraissé et les belles dames d'Arras me trouvent *joli;* je puis dire, sans vanité, que j'ai égratigné le cœur de quelques-unes.

Je t'embrasse de tout mon cœur ainsi que ta famille.

59

Arras, le 16 messidor an XII de la République française, une et indivisible (6 juillet 1804).

Je t'apprends avec plaisir, mon bon ami, que l'Empereur vient de me nommer officier de la Légion d'honneur (1). Comme le travail de cette légion n'est pas encore terminé, j'ignore de quelle cohorte je ferai partie. Cette nouvelle dignité me donne 1,000 francs de plus par an. Avec mes appointements, j'aurai 7,800 francs chaque année, sans compter 600 francs de logement et les fourrages pour trois chevaux. Tu vois que tous les jours nous recevons de nouveaux bienfaits de notre Empereur.

---

(1) Voir P. J., n° 47.

Nous sommes toujours ici et nous ne savons pas quand nous en sortirons, à moins que ce ne soit pour le couronnement; s'il se fait le 15 août, nous pourrions fort bien nous remuer pour aller y assister.

J'ai dîné hier avec M. Jouvencel, chef d'escadron de gendarmerie, que tu as vu souvent chez feu notre père. Il réside ordinairement à Lille; l'an dernier, il était dans le département de la Creuse, et j'avais eu le plaisir de dîner avec lui chez le général, à mon passage à Guéret, en allant à Bourg-en-Bresse.

Il y a un siècle que je n'ai reçu de tes nouvelles. Je commence à être inquiet de ta santé. Si ce n'est que la paresse qui t'a empêché de m'écrire, je te le pardonne bien volontiers, car je suis aussi un peu attaqué de cette maladie-là. Depuis le jour de la réception de ta dernière lettre, j'ai vingt fois pris la plume pour t'écrire et toujours j'en ai été empêché, tantôt par une chose, tantôt par une autre.

Ma femme et ma petite famille sont toujours à Tonnerre, en bonne santé.

Si j'avais le bonheur d'aller à Paris pour le couronnement, je ferais un saut jusqu'à Gréez, pour me payer quarante-huit heures de bon temps avec toi.

Adieu, je suis ton meilleur ami.

60

Genève, le 10 vendémiaire an XIII (3 octobre 1804).

Mon départ précipité d'Arras, mon cher ami, m'a empêché de t'écrire, avant de me mettre en route, que j'avais reçu l'ordre (1) de me rendre à Genève pour être présent et veiller moi-même à la réorganisation de mon régiment. J'ignore en quoi consistera exactement cette réorganisation qui doit avoir lieu le 18 du courant.

J'ai la satisfaction de t'annoncer que j'ai reçu aussi l'ordre de me rendre à Paris pour le couronnement de l'Empereur. Nous

---

(1) Voir P. J., n° 48.

pouvons donc espérer nous voir à ce moment, soit que tu viennes faire un tour dans la capitale pour cette imposante cérémonie, soit que j'aille moi-même à Gréez, si je puis disposer de quelques jours de liberté.

Je me suis arrêté six jours à Tonnerre, en me rendant ici. J'ai trouvé toute ma famille au lit, malade d'une fièvre dite pernicieuse qui règne depuis trois mois dans cette ville. Le médecin qui soigne ma femme m'a assuré qu'il n'y avait rien d'inquiétant ni pour elle, ni pour mes enfants; néanmoins on a été obligé de sevrer Martial, parce que la mère avait perdu son lait dans un accès de fièvre.

Si tu te décides à venir à Paris au moment du couronnement, tu me trouveras chez le cousin Petit, où je compte descendre.

Adieu, mon ami, je vous embrasse tous.

61

Paris, le 29 brumaire an XIII (21 novembre 1804).

J'ai reçu ta lettre, mon cher ami, il y a quelques jours. Je suis bien fâché que ton indisposition t'empêche de venir ici pour le couronnement. Il doit avoir lieu le 11 du mois prochain. Dès que cette fête sera terminée, je ferai mon possible pour aller te voir.

J'ai été faire des visites aux princes Louis et Joseph, au gouverneur de Paris, aux ex-consuls Lebrun et Cambacérès, au chef de l'état-major Berthier, frère du ministre et au grand chancelier.

Samedi dernier, j'ai été dîner chez le prince Louis; le lendemain, j'ai été présenté à S. M. l'Empereur. Je devais prêter le serment de fidélité entre ses mains, mais une indisposition du prince Louis, qui devait me présenter, a fait remettre cette cérémonie. Je dois aller à Saint-Cloud cette semaine à cet effet.

Jeudi prochain, je dois dîner chez le ministre de la guerre. Tu vois, mon ami, que je suis répandu dans le grand monde. Dimanche, tous les colonels donnent une superbe fête aux premières autorités militaires. J'ignore encore si je retournerai à mon régiment de grenadiers à Arras; mais, comme il n'est plus question d'embarquement, il est plus probable qu'on me renverra à Genève.

Adieu, mon cher ami, je souhaite vivement que ta santé se rétablisse et que tu jouisses d'une parfaite santé quand j'irai te voir.

62

Paris, le 21 frimaire an XIII (13 décembre 1804).

Je pars d'ici, mon cher ami, samedi 24, à cinq heures du matin, pour me rendre à La Ferté-Bernard. J'ai obtenu, à grand'peine, une place dans le cabriolet, mais le plaisir d'aller te voir m'aurait fait accepter une place sur l'impériale. Je compte donc être à Gréez le dimanche, si tu peux m'envoyer ton cheval à La Ferté. Je n'emporte avec moi qu'un petit portemanteau, pour éviter tout embarras.

J'ai dîné hier chez le cousin Petit-Tapin ; j'y ai vu le jeune Deslandes. Il est ici pour faire son droit, c'est un assez joli garçon. Nous avons profité dans la journée d'un temps sec et ensoleillé pour aller nous promener au bois de Boulogne et à Bagatelle. C'est un endroit charmant qui doit l'être encore bien davantage dans la belle saison.

Tu ne peux pas te faire une idée de ce qu'est Paris en ce

moment ; le luxe reparaît comme par enchantement, les voitures se multiplient. On sent une ère nouvelle. Les agioteurs et les fripons de l'ancien régime commencent à rentrer dans l'ombre. Personne ne jalouse les parvenus d'aujourd'hui parce qu'on les sent de bon aloi. Le règne de l'immoralité est fini.

J'ai vu aussi Maison-Guillard ainsi que son frère le poète. Le premier est venu pour le couronnement ; tu sais sans doute qu'il est procureur impérial à Chartres. J'ai rencontré également un nommé Huchedé ; il est négociant ici, il fait des affaires avec les régiments. Il est venu me faire ses offres de service pour l'habillement de mon régiment.

En l'an XIV toute l'infanterie de ligne aura l'habit blanc ; mon régiment aura les revers et les parements cramoisis.

Adieu, mon ami, à bientôt et de tout cœur.

63

Paris, le 5 nivôse an XIII (26 décembre 1804).

Un mot seulement, mon cher ami, pour te dire que je suis arrivé à Paris en bonne santé. J'en repars vendredi matin pour me rendre à Tonnerre auprès de ma femme. Je serai à mon régiment vers le 20 courant. Tu peux donc m'écrire à Genève à partir de cette époque. Quand nous reverrons-nous maintenant ! Gardons, en attendant, le souvenir des bons moments que nous avons passés ensemble.

Ton frère et ton meilleur ami.

Le 56e de ligne quitta Genève au commencement de l'année 1805 (1) et vint tenir garnison pendant l'hiver, le printemps et une partie de l'été, dans différentes places de la 27e division militaire (général Chabot), à Turin, Tortone, Asti, Acqui, Castel-Novo, Alexandrie. Pendant les mois de

---

(1) Voir : Deuxième partie, lettre 30.

février et mars, le colonel Boutroué commanda la place de Turin. Les hasards de la vie militaire lui rendaient ainsi, dans cette même place, un emploi qu'il y avait rempli quatre ans auparavant, mais dans les circonstances bien plus délicates d'une première occupation. En 1805, Turin, considéré comme tout à fait francisé, n'était même plus classé parmi les places d'armes.

64

A Castel Novo, le 19 floréal an XIII (9 mai 1805).

J'ai reçu, mon cher ami, ta lettre du 25 ventôse dernier. Mon départ précipité de Turin pour Tortone ne m'a pas permis de te répondre ; j'ai continué à en être empêché par toutes les marches et contre-marches qui ont eu lieu à l'occasion de l'arrivée de l'Empereur. Maintenant nous voilà un peu plus tranquilles. Je m'empresse de te donner de mes nouvelles : ma santé est toujours très bonne. Il n'en est pas de même pour ma femme et pour mon fils. Ils ont été obligés de s'arrêter à Chambéry, mais Mme Boutroué vient de m'annoncer qu'elle se porte mieux ainsi qu'Émile et que sous peu elle espère être auprès de moi.

Le 1er floréal le maréchal Lannes a passé en revue toute l'armée dans la plaine de Marengo; après la revue, nous avons manœuvré; le lendemain tous les colonels ont été dîner chez Son Excellence. Le 15, l'Empereur a passé sa revue dans la même plaine, il nous a fait faire la petite guerre. Nous étions commandés par les maréchaux Lannes, Murat et Bessières et nous avons manœuvré sur le champ de bataille même de 1800. L'Empereur a été très content de la tenue et de l'instruction de tous les corps. Nous formions environ 20,000 hommes. Après sa revue, l'Empereur a posé la première pierre du monument commémoratif de sa victoire (1). Le lendemain, Sa Majesté s'est rendue à Milan pour son couronnement qui doit avoir lieu le 3 du mois prochain.

---

(1) Voir : Deuxième partie, lettre 34.

Le 25, mes deux premiers bataillons partent d'ici pour se rendre à Asti, département du Tanaro ; les deux autres partiront deux jours après pour le même endroit, mais je doute que tout le régiment puisse y tenir garnison sans caserne, ce qui me fait croire que j'aurai des bataillons détachés soit à Coni, soit à Alba. Je compte, dans ce cas, rester à Asti avec mon état-major.

Je pense que maintenant ta santé doit être meilleure ; la belle saison y aura contribué. Dis-moi si tu redeviens *luron ;* ton tempérament exige que tu prennes de l'exercice de jour et de nuit, tu me comprends. Le mien est à peu près le même ; les fatigues qui tuent les autres hommes m'entretiennent la santé. La preuve de ce que je te dis, c'est que le jour de la revue de l'Empereur je suis resté dix-huit heures à cheval et que jamais je ne me suis si bien porté. Mon major et mes chefs de bataillon se ressentent encore aujourd'hui de cette journée du reste plus fatigante qu'une bataille.

Adieu mon ami, je t'embrasse.

65

Asti, le 26 messidor an XIII (17 juillet 1805).

J'ai reçu, mon bon ami, ta lettre du 11 prairial dernier. Je suis on ne peut plus content du voyage qu'a fait ton rhumatisme goutteux, mais puisqu'il est en train de courir tu feras bien de l'envoyer se promener à tous les diables et de t'en débarrasser une bonne fois.

Ma femme et mon fils sont avec moi depuis le 20 du mois dernier. Le mont Cenis s'est montré, le jour de leur passage, le plus aimable possible ; c'est un monsieur qui ne l'est pas toujours, car il régale fort souvent les voyageurs de tourmentes de neige et autres petites plaisanteries qui ne font pas toujours rire. Mme Boutrouë, que je croyais grosse, ne l'est fort heureusement pas. J'en suis satisfait, car ses fièvres l'ont beaucoup fatiguée ; l'enfant ne s'en serait pas bien trouvé. Lorsqu'elle sera tout à fait rétablie nous traiterons de cette affaire-là. « A bon compte revenir », dit le proverbe, et je puis t'assurer qu'elle ne m'en tient pas quitte.

Je t'ai parlé dans le temps de son beau-frère que j'ai connu à Nantes ; il est venu nous voir avec sa femme en revenant de Milan. Il faisait partie de la suite de notre ambassadeur qu'accompagnait dans cette ville le doge de Gênes à l'occasion de la réunion de la république ligurienne à la France, dont tu auras entendu parler par les gazettes. Il ne peut plus s'entendre avec son patron qui est Corse (1), aussi ne retourne-t-il pas à Gênes. Il nous a quittés pour rentrer en France.

Mon régiment commence à se monter ; il est en ce moment fort de 2,400 hommes et je dois recevoir cette année 731 conscrits pour le compléter. Les départements qui doivent me les fournir sont la Vendée, la Lys et la Haute-Garonne.

Nous attendons bientôt notre inspecteur général, le général Müller. Il doit rester six jours avec nous et on le dit sévère. Je me flatte néanmoins de lui présenter un régiment redoutable aux ennemis de l'empire français.

J'ai tous mes bataillons avec moi. Le 1er bataillon et quelques compagnies du 2e sont casernés. Les lits des soldats sont composés, en grande partie, de demi-fournitures données par les habitants et à nous remises par la municipalité ; le reste de ma troupe est chez le particulier. Quoique les effets de casernement ne soient pas très bons, je désirerais bien voir tout mon régiment caserné ; la discipline serait beaucoup mieux observée et nos jeunes recrues, que nous allons recevoir, bien plus tôt formées. J'ai mis tout en usage (2) pour l'obtenir sans pouvoir y réussir. Malgré cela je puis te dire que je me trouve encore très heureux d'avoir des soldats assez disciplinés pour avoir déjà gagné l'es-

---

(1) Saliceti, ministre de l'empire à Gênes. Nous ne savons pas quelle situation, officielle ou non, le beau-frère de Boutrouë pouvait occuper auprès du ministre Saliceti : attaché à la mission, simple expéditionnaire ou peut-être secrétaire particulier ? Quoi qu'il en soit, le pseudo-diplomate semblait s'intéresser à la politique internationale, car nous avons retrouvé dans les papiers du colonel Boutrouë trace de sa visite à Asti, sous la forme d'un mémoire fort curieux qu'il aura sans doute oublié chez les Boutrouë. Ce mémoire, qui paraît avoir été copié dans les bureaux de la chancellerie de Gênes, a trait à la réunion de Gênes à la France. Cet acte de la politique impériale a été vivement blâmé par M. Thiers dans son *Histoire du Consulat et de l'Empire* ; aussi croyons-nous devoir reproduire en son entier une pièce qui apporte des éclaircissements tout particuliers sur cette question (P. J., n° 49).

(2) Voir la lettre 45 de la 2e partie.

time des habitants et surtout d'habitants peu curieux de loger constamment des militaires.

Le bruit court ici qu'avant la fin de l'été nous irons causer avec messieurs les Autrichiens. Ce sont pour moi de vieilles connaissances ; je les reverrai avec plaisir.

Au revoir, nous vous embrassons tous.

Ton frère et ton meilleur ami.

Ici s'arrête la correspondance du colonel Boutroue. Nous n'avons pas retrouvé de lettres postérieures au 25 juillet 1805 ; la lettre qui porte cette date est la dernière ou une des dernières qu'il ait écrites à son frère, car la période de tranquillité et les loisirs de la paix allaient bientôt prendre fin pour lui avec les mouvements de concentration de l'armée d'Italie (8e corps d'armée, aile droite de la Grande Armée).

Dès les premiers jours d'août, le colonel Boutroue eut à diriger, d'Asti sur Alexandrie, deux de ses bataillons : le 1er (commandant Dieu) et le 2e (commandant Ozilliau). Cette dislocation du 56e fut pour le colonel une source de désagréments dont on retrouve l'écho dans la correspondance échangée à cette époque entre Alexandrie et Asti. Le caractère emporté du général de division devait être pour quelque chose dans ces difficultés, car dans une lettre où le chef du 2e bataillon se lamente de voir ses *chapeaux dégradés*, cet officier fait en même temps du général Chabot un portrait peu agréable :

« Alexandrie, le 26 thermidor an XIII.

Ozilliau, chef de bataillon, à son colonel.

Mon colonel,

Tous nos chapeaux sont dégradés ! C'est une suite de l'ordre de M. le général Chabot. Avant-hier il a fait appeler le commandant Dieu et il lui a demandé avec humeur pourquoi ses ordres n'avaient pas été exécutés plus tôt. Il lui a été répondu que l'on attendait les vôtres, que cet ordre devait venir du régiment, que l'on n'était ici qu'un détachement du corps. Il est entré dans une colère épouvantable ; il a répondu que c'était lui qui commandait, qu'il voulait être obéi sur-le-champ sans égard pour rien.

Ainsi, voilà tous les chapeaux des sous-officiers et soldats, même ceux des officiers, sans mouchet aux pompons, ni floches dans les cornes !

Dans sa colère, M. Chabot a dit qu'il irait à Asti, qu'il vous mettrait aux arrêts, etc. Je vous laisse à penser de sa bile contre vous ; il paraît qu'il se souvient de loin. Si vous n'y prenez garde il vous fera tout le mal possible. Ainsi, mon colonel, prenez tous les moyens pour nous retirer de cette division ; n'épargnez pas les voyages, soit à Turin, auprès du général Menou, soit même à Paris, car je vois dans l'avenir des choses qui pourraient nous nuire beaucoup à tous et plus encore à vous. Il faudrait que vous puissiez être témoin de tout ce qui se fait ici pour en juger ; ce n'est rien de le dire, il faut le voir.

Le commandant Dieu vous aura sûrement rendu compte de tout cela, du moins il me l'a dit. Si j'en agis ainsi avec vous vis-à-vis d'un chef, c'est pour vous mettre en garde contre ces sortes de gens qui ne font que du mal, et vous savez l'intérêt que je prends à ce qui vous touche.

Je suis votre dévoué,

OZILLIAU.

Le colonel Boutrouë n'eut pas à intriguer pour quitter la division Chabot. Après avoir rallié avec le reste de son régiment ses deux premiers bataillons à Alexandrie, il reçut, le 1er septembre, l'ordre de mouvement suivant :

« Turin, le 14 frimaire an XIII.

Le général Menou, commandant général, faisant fonctions de gouverneur général.

Il est ordonné aux 3 premiers bataillons du 56e régiment d'infanterie de ligne de partir le 20 de ce mois d'Alexandrie avec armes et bagages pour se rendre à Brescia, en Italie, sous les ordres de M. le maréchal Jourdan.

Le 4e bataillon et le dépôt de ce régiment doivent rester à la citadelle d'Alexandrie.

Ils recevront leur route en même temps que cette lettre.

Général MENOU.

En exécution de cet ordre, le 56e de ligne se rendit à Brescia, d'où il fut aussitôt envoyé au camp de Monte-Chiaro, sur la Chiese, où le maréchal Masséna organisait l'armée d'Italie dont il venait de recevoir le commandement (8e corps de la Grande Armée). Le 56e de ligne fut embrigadé avec le 62e, formant la 1re brigade (général Brun) de la 2e division (général Verdier).

La brigade Brun prit une part brillante aux premières hostilités qui commencèrent le 18 octobre par la prise des retranchements de Véronette et le passage de vive force de l'Adige, mais elle se distingua surtout pendant les trois sanglantes journées qui portent le nom de bataille de Caldiero (29, 30 et 31 octobre 1805). Le 30, le général Brun fut blessé mortellement à l'attaque du canal de la Bendinara, et remplacé par le colonel Boutrouë, ainsi qu'il résulte de l'ordre suivant retrouvé dans les papiers du colonel :

Perzago, le 8 brumaire.

M. le colonel Boutrouë prendra le commandement de la brigade du général Brun, placera son régiment à la gauche du 62e et attendra dans cette position de nouveaux ordres de ma part.

Général VERDIER.

Le colonel Boutrouë n'eut pas l'honneur de commander longtemps cette brigade. En la conduisant, le lendemain, à l'attaque de la redoute de Chiavicco del Christo, il tomba sur le champ de bataille, la jambe droite emportée par un boulet (1).

(1) Dans le Livre d'or du 56e régiment d'infanterie, le capitaine Telmat commet une erreur en disant que le colonel Boutrouë eut la cuisse emportée par un

Le colonel Boutrouë mourut le 4 décembre, à l'hôpital de Vérone, après deux amputations courageusement supportées. Les souffrances de ses derniers jours furent adoucies par une citation à l'ordre de l'armée et par la présence de sa femme, accourue d'Alexandrie avec son fils. Il reçut aussi de nombreux témoignages d'attachement de la part de ses officiers (1).

Le certificat qui constate la mort du colonel Boutrouë est ainsi conçu :

ARMÉE FRANÇAISE EN ITALIE.

Au quartier général de Vérone, le 14 frimaire an XIV.

Le général de brigade Scherb, officier de la Légion d'honneur et commandant d'armes des deux Vérone

Certifie que M. Alexandre Boutrouë, natif de Chartres, département d'Eure-et-Loir, ci-devant colonel du 56e régiment à l'armée d'Italie, est mort en cette place, le 13 frimaire courant, à la suite de ses honorables blessures reçues à la bataille de Caldiero, en avant de Véronette, le 9 brumaire dernier, et qu'il a été regretté à l'armée comme militaire distingué.

En foi de quoi j'ai délivré le présent pour servir ainsi que de raison.

SCHERB.

---

boulet au combat de *Castelfranco*. Ce combat eut lieu le 23 novembre. Il n'y a pas de confusion possible entre la bataille de Caldiero et le combat de Castelfranco. Toutes les pièces que nous avons sous les yeux prouvent que le colonel Boutrouë reçut sa glorieuse blessure à Caldiero le 31 octobre.

(1) Voir P. J. n° 50.

POUR LES LOIS ET LA PATRIE.

DEUXIÈME PARTIE

CORRESPONDANCE DE SERVICE

ET

LETTRES DIVERSES (1).

(1) Placé par décret du 22 frimaire an XII à la tête du 2e régiment de grenadiers de la réserve (armée d'Angleterre) à Arras, le colonel Boutrouë conserva, pendant cette mission, le commandement de son régiment en garnison à Genève. Il eut par suite à correspondre fréquemment avec l'un ou l'autre de ces deux régiments suivant qu'il se trouvait, pour les besoins de son double commandement, soit à Genève, soit à Arras.

Nous avons extrait de cette volumineuse correspondance les lettres qui nous ont paru présenter de l'intérêt à un titre quelconque.

SÉJOUR A ARRAS EN L'AN XII.

1

Arras, le 26 pluviôse an XII (15 février 1804).

Au major du 56ᵉ régiment d'infanterie à Genève.

Je n'ai appris, citoyen, votre arrivée au régiment que par une lettre du Conseil d'administration signée de vous. Depuis, plusieurs officiers de l'armée de réserve m'ont parlé de vous avec éloges.

Je reçois à l'instant votre lettre du 13. J'eusse, comme vous, été très flatté de me trouver au corps à votre arrivée, autant pour faire votre connaissance que pour convenir ensemble des meilleurs moyens à employer pour réparer le délabrement du régiment, délabrement causé par des circonstances impérieuses que déjà sans doute vous connaissez.

La tâche que vous avez à remplir est, à la vérité, un peu difficile; mais votre activité, vos connaissances et le désir que vous me manifestez de vouloir travailler dans mon sens me rendent sûr à l'avance qu'avec un collaborateur tel que vous nous pourrons remonter la machine. Déjà je m'applaudis de voir régner entre vous et moi l'union et l'harmonie.

Cela bien convenu, il faut aviser maintenant aux moyens de toujours nous entendre et de conserver cette union de vues qui doit nous mériter et la confiance du gouvernement et l'estime de nos subordonnés. Nous aurons une correspondance suivie à entretenir sur les finances, la discipline intérieure, l'instruction, l'esprit de corps et principalement celui des officiers, l'avancement dans chaque grade, etc.

Si quelques renseignements vous sont nécessaires, et je prévois que vous en avez besoin, ne craignez pas surtout de m'en demander. Je peux d'autant mieux vous en donner que, pendant dix ans, j'ai commandé la 68e demi-brigade (1). Il me serait un peu plus difficile de le faire en ce qui concerne la 56e, mais, malgré cela, je n'en suis pas complètement dépourvu. Le citoyen Pommageot, quartier-maître, peut vous édifier sur l'administratiou ; il est partaitement au courant de cette partie du service et il a ma confiance.

Je vous recommande particulièrement l'armement et l'habillement. Le départ précipité du 3e bataillon pour Lyon et du bataillon d'élite, qui s'est produit avant la fusion des deux magasins, aura sans doute occasionné un peu de désordre ; vous pourrez bientôt le réparer.

Quant à la tenue des officiers, elle n'est pas très régulière. Cette irrégularité provient de la réunion des deux demi-brigades et ne peut exister plus longtemps. Il serait très impolitique de laisser subsister entre les deux corps d'officiers une ligne de démarcation. Veuillez, si vous ne l'avez déjà fait, renouveler aux officiers de l'ex-68e demi-brigade l'ordre que je leur ai déjà donné de porter sur leurs habits des boutons n° 56.

Depuis mon départ de Genève, vous devez avoir reçu des conscrits en quantité. Les 200 hommes des Deux-Nèthes, qui nous étaient annoncés, sont-ils arrivés au corps? La Vendée a-t-elle fourni son contingent? Il serait à propos que vous fissiez au ministre la demande d'un supplément de conscrits pour cette année, car en supposant que les 558 hommes que nous devons recevoir arrivent tous, nous serions encore très loin de voir le corps au complet.

Je pense bien que les bataillons détachés à Lyon et ici, qui ont une administration particulière, rendent des comptes au conseil

---

(1) Voir pour la fusion des 56e et 68e demi-brigades, la lettre n° 55 de la première partie et les P. J. nos 42 et 43.

Nous rappelons qu'à cette époque le grade de major était intermédiaire entre le grade de colonel et celui de chef de bataillon.

d'administration à des époques déterminées. Dès que vous aurez reçu ces comptes, je serais charmé que vous me fissiez un rapport sur la gestion de chacun d'eux. Vous voudrez bien y joindre vos observations.

Le chef de bataillon Dieu, qui commandait en mon absence, a dû, à votre arrivée, vous donner connaissance de l'ordre que j'ai laissé au commandant Roche d'avoir à nous rendre, avec son conseil, les comptes définitifs de l'ex-36e demi-brigade. Je ne vous dissimulerai pas que sa comptabilité ne m'a pas paru très claire au moment de la réunion des deux corps. Ce qui me tranquillise, c'est de savoir que ces comptes ont été rendus en votre présence et que, par vos soins, l'administration générale du régiment ne laissera bientôt rien à désirer.

Recevez, je vous prie, le témoignage de mon amitié.

2

Arras, le 30 pluviôse an XII (19 février 1804).

Au général Macon, commandant la 1re brigade de grenadiers de l'armée de réserve, à Arras.

Citoyen général,

Ci-joint l'adresse au Premier Consul, signée de tous les officiers et des représentants de toutes les compagnies du régiment sous mes ordres. Si vous l'approuvez, je vous prie de l'envoyer au général Junot.

Salut et respect.

3

Arras, le 30 pluviôse an XII.

Le 2e régiment de grenadiers de l'armée de réserve au Premier Consul, à Paris.

Général Consul,

Et nous aussi nous avons été saisis de la plus vive indignation à la nouvelle de l'artoce conspiration (1) qui a été tramée contre vous et notre patrie.

Qu'ils tremblent les coupables ! Nos baïonnettes croisées attendent avec impatience le signal de la vengeance !

Commandez, général Consul, et la perfide Angleterre, couverte de nos phalanges, trouvera bientôt dans un bouleversement total le sort fatal qu'elle avait destiné à la France !

(*Suivent les signatures.*)

4

Arras, le 13 ventôse an XII (4 mars 1804).

Au major du 56e régiment d'infanterie, à Genève.

Le manque d'hommes valides, citoyen major, et la précipitation avec laquelle le bataillon d'élite a été formé m'ont mis dans la nécessité de demander au ministre une cinquantaine d'hommes qui seraient pris dans le bataillon détaché à Lyon. Le ministre m'annonce qu'il vient d'ordonner de faire partir ces hommes pour me rejoindre ici dans le plus bref délai. Je donnerai en échange les malingres et les hommes hors d'état de faire la guerre. Si cet ordre du ministre vous est déjà parvenu, je vous prie de prescrire au commandant du bataillon de Lyon de m'envoyer de beaux hommes, bien habillés, armés et équipés. Du reste, comme il est très probable que le commandant Ozilliau a reçu directement du ministre l'ordre de faire partir ce détachement, je vais lui écrire par le même courrier pour qu'il ait à remplir mes intentions à cet égard et qu'il vous en rende compte de suite.

Je vous recommande la bibliothèque du régiment. Vous nommerez un bibliothécaire ; il sera responsable des livres. Vous ferez faire un règlement et tous les officiers devront avoir connaissance des statuts.

Je vous recommande également l'école de lecture et d'écriture.

---

(1) Conspiration de Georges Cadoudal.

Cette institution est très précieuse dans un corps. Vous remarquerez comme moi que les Suisses sont beaucoup plus avancés que nous sous ce rapport ; c'est un sujet d'émulation que vous ne manquerez pas de faire ressortir auprès des officiers. Le quartier-maître Pommagcot a une caisse qui contient des écritoires, livres, papier, plumes, canifs et tout ce qui est nécessaire pour former cette école ; il a aussi un règlement qu'il a fait et que j'ai approuvé dans le temps.

Si dans la marche que j'ai établie au régiment et que j'ai toujours suivie, vous remarquiez de la négligence, des abus, si les liens de la discipline venaient à se relâcher, je vous prie de mettre en usage tous les moyens qui sont en votre pouvoir pour ramener cette vertu militaire si indispensable à un corps et vous m'en rendriez compte.

Si les circonstances nécessitaient de votre part un ordre important, mon intention est que vous m'en soumettiez le projet avant que d'en donner connaissance au corps ; je suis sûr d'avance qu'il recevrait bientôt ma sanction, mais cela est absolument nécessaire pour maintenir entre nous l'ensemble dont nous sommes convenus.

Je vous adresse les nouvelles manœuvres envoyées par le Premier Consul, et auxquelles s'exercent les troupes de l'armée de réserve. Vous pouvez dès maintenant les mettre en vigueur au régiment, en attendant qu'elles vous parviennent du ministre qui, je pense, vous donnera bientôt l'ordre de vous y conformer. Vous vous attacherez surtout aux changements de front et de direction en masse, aux feux de bataillon en avançant et aux formations et ruptures rapides des carrés.

Il faut que tout cela soit exécuté avec la plus grande célérité et sans aucune espèce de confusion.

Je vous salue avec amitié.

5

Arras, le 26 ventôse an XII (15 mars 1804).

Au citoyen Hersan, commandant le 3e bataillon du 2e régiment de grenadiers.

La fin du trimestre approche, citoyen commandant; c'est l'époque où les inspecteurs aux revues doivent arrêter la comptabilité des corps, et ils n'attendront pas sûrement pour le faire que les décomptes des revues vous soient parvenus. Je voudrais auparavant jeter un coup d'œil sur toutes vos opérations et m'assurer de la régularité de votre administration dans toutes ses parties, pour être à même de rectifier en temps utile les erreurs ou omissions qui auraient pu se produire. Cette vérification sera préparatoire à celle que doit faire l'inspecteur dans peu de temps.

En conséquence, vous voudrez bien donner ordre à votre officier-payeur de commencer le plus tôt possible ce travail, et m'indiquer le jour où je pourrai me présenter à votre conseil d'administration que vous assemblerez à cet effet.

Je pense bien que vous aurez eu le soin de vous faire fournir des quittances de tous les achats que vous aurez faits pour le bataillon. Ces pièces sont de rigueur et doivent être à l'appui de vos dépenses. L'inspecteur en exigera la représentation.

Je vous salue sincèrement.

6

Arras, le 28 ventôse an XII (17 mars 1804).

Au chef de l'état-major Clément, à Arras.

Je viens de communiquer votre lettre aux deux chefs de bataillon sous mes ordres. Ils m'ont assuré qu'aucune réclamation ne leur avait été faite lorsqu'ils ont visité la chambre de police. Le rapport ci-joint du capitaine de service ne renferme non plus aucune plainte. Ils me font observer que le règlement n'accorde que 15 livres de paille par homme et pour trois mois, qu'avec cette modique quantité il n'est pas étonnant que le soldat manque de paille. Malgré cela, je vais donner des ordres pour que cette chambre soit désormais mieux tenue, et pour m'en assurer, j'en ferai souvent la visite. Néanmoins, je vous prie de faire autoriser par le général en chef, le commissaire des guerres à délivrer une plus grande quantité de paille et qu'il ne mette plus en avant les règlements, ordonnances, etc., derrière lesquels il se retranche.

Quant aux fournitures, il n'est pas nécessaire d'en avoir un plus grand nombre, ayant toujours très peu de prisonniers dans le régiment et, par la suite, il y en aura encore moins, parce que mon intention est de consigner seulement les hommes pour des fautes légères.

Du reste, ce qu'il y aurait de mieux, ce serait que chaque régiment eût sa chambre de police ; tant qu'elle contiendra des hommes de tous les corps, aucun chef de bataillon ne voudra prendre sous sa responsabilité des fournitures pour servir à d'autres militaires que les siens.

Veuillez, je vous prie, donner des ordres pour nous faire obtenir une salle de police pour le régiment, et c'est alors qu'elle sera dans l'état que vous désirez.

J'ai l'honneur de vous saluer.

7

Arras, le 4 germinal an XII (25 mars 1804).

Au major du 56e régiment d'infanterie, à Genève.

J'ai reçu, citoyen major, vos lettres des 15 et 23 ventôse dernier, ainsi que les copies des ordres que vous avez donnés au régiment, votre rapport sur l'administration, l'instruction, etc.

Je ne puis qu'applaudir aux moyens que vous avez pris pour ramener l'ordre dans toutes les parties du service ; l'uniformité dans la tenue des officiers amène nécessairement celle des sous-officiers et soldats et vous avez bien fait de l'exiger. Ce que vous avez fait pour rétablir la discipline si négligée me fait vous témoigner ma confiance et la satisfaction que j'éprouve de votre manière de servir. Je compte toujours sur votre zèle et votre activité pour la maintenir.

Vous savez ce que j'entends par subordination. C'est avant tout une *subordination de confiance;* il faut qu'elle ait lieu de grade à grade. De cette façon, celui qui obéit est tranquille parce qu'il est assuré que celui qui commande le couvre de sa responsabilité.

Puisque l'établissement de l'école d'instruction et de la bibliothèque offre dans ce moment-ci des difficultés que je sens comme vous maintenant, je vous laisse le soin de décider de l'époque où vous pourrez procéder à cette installation, quand l'instruction des recrues sera plus avancée.

Lors de mon départ de Genève, j'étais muni d'une feuille de route avec indemnité, laquelle indemnité m'a été payée jusqu'à Bourg.

Le payeur d'Arras m'a payé les cinq jours de Genève à Arras, et ce, malgré la déclaration que je lui ai faite de les avoir touchés avant mon départ. Il m'a dit que je m'arrangerais avec mon régiment lorsqu'on lui enverrait les pièces pour comptant. En conséquence, vous voilà prévenu sur cet objet.

Dans la liste des militaires du régiment qui ont droit par leurs actions d'éclat d'être admis dans la Légion d'honneur, veuillez bien y porter les citoyens Roche (1) et Hersan (2), chefs de

---

(1) Le 19 mai 1794, le général autrichien Beaulieu attaqua, devant Bouillon, à la tête de 18,000 hommes un corps de 2,000 hommes au plus ; après avoir soutenu un choc terrible qui mit plus de 800 hommes hors de combat, les Français ne pouvant résister à des forces aussi supérieures, ployaient dans le plus grand désordre, lorsque le capitaine *Roche*, à la tête d'une compagnie de grenadiers, se plaça sur un pont, où, pendant plus d'une demi-heure, il arrêta avec cette poignée de braves les troupes autrichiennes et mit, par sa belle défense, les Français en retraite à l'abri de la cavalerie ennemie. (Livre d'or du 56e régiment d'infanterie, par le capitaine adjudant-major Telmat.)

(2) A la retraite de Moreau en avant de Friberg, le général Gordy, qui commandait la 56e demi-brigade, donna ordre au 1er bataillon de passer derrière l'armée autrichienne pour couper la retraite d'un corps d'émigrés. Il était onze heures du soir. Le capitaine adjudant-major *Hersan*, chargé de cette mission, traversa la ligne ennemie et prit position sur la route de Munich. Un régiment

bataillon, et Berger, sous-lieutenant. Ces trois officiers ont obtenu leur grade sur le champ de bataille.

Je suis sensible à l'intérêt que vous prenez à ma santé; je suis parfaitement rétabli. Je puis dire que jamais je ne me suis si bien porté; nos exercices fréquents, je crois, y contribuent beaucoup. Nous ignorons toujours l'époque à laquelle nous irons faire notre visite à messieurs les Anglais. L'armée brûle d'impatience d'aller les combattre. En attendant, recevez l'assurance de mon amitié sincère.

8

Arras, le 12 germinal an XII (2 avril 1804).

Au citoyen Berger, sous-lieutenant au 56e régiment d'infanterie. à Genève.

Je ne suis pas moins surpris que vous, citoyen, que le citoyen Pelletier, votre camarade, ait été nommé lieutenant au choix du gouvernement, sans avoir été au nombre de ceux que j'avais proposés pour ce grade. Des quatre officiers qui le furent, vous étiez le premier; le citoyen Marange ensuite, de l'ex-68e demi-brigade, et les deux autres de l'ex-56e. Mon intention, en agissant ainsi, était de faire l'avancement des officiers des deux corps réunis par égale portion, et si le ministre n'a pas approuvé mon choix pour le moment, j'en suis fâché au moins autant que vous. Vous devez être assez assuré de mon amitié pour y croire.

Il ne peut m'entrer dans la tête que quelqu'un du corps ait osé substituer le nom de Pelletier au vôtre. D'ailleurs, vos services ne sont pas les mêmes, et comme j'ai fait porter vos actions d'éclat sur votre mémoire de proposition, il ne me paraît pas possible que cela ait été changé. Quant au ministère de la guerre,

---

de cavalerie et deux régiments d'infanterie fondirent bientôt sur lui, faisant un feu terrible ; il n'avait point de retraite ; il mit sa troupe sur un rang, dispersa ses tambours, fit des commandements comme s'il avait un régiment, fit croiser la baïonnette, battre la charge et marcha à l'ennemi qu'il culbuta. (*Idem.*)

il n'est pas présumable non plus qu'il se commette des erreurs dans ses bureaux, et surtout des erreurs aussi grossières que celle-là. Il me paraît plus aisé de croire que le citoyen Pelletier a eu des personnes puissantes qui l'ont bien servi auprès du ministre de la guerre pour lui faire obtenir ce grade, et que, devant mettre de côté un des quatre mémoires de proposition, le malheur a voulu que ce fût le vôtre.

Soyez tranquille pour l'avenir; il se trouvera certainement une occasion favorable dont je saurai profiter, je l'espère, plus heureusement pour vous. Néanmoins, dès que le major m'aura fait parvenir l'état de ces nominations, je compte écrire au ministre pour m'assurer de la vérité.

Je vous salue avec amitié.

9

Arras, le 16 germinal an XII (6 avril 1804).

Au citoyen Rottembourg, major du 56e régiment d'infanterie, à Genève.

J'ai reçu votre lettre du 6 germinal, citoyen major, avec la copie de l'inventaire des livres qui se trouvent dans la bibliothèque du régiment. Je suis surpris de ne pas y voir figurer les *Commentaires* de César; c'est une lecture instructive pour des militaires. Veuillez prescrire qu'on en fasse l'acquisition, autant que possible en latin et en français; il y a de bonnes traductions de cet ouvrage.

J'étais déjà prévenu que le citoyen Pelletier, que je n'avais pas proposé au ministre, avait obtenu le grade de lieutenant au lieu et place du citoyen Berger. J'ignore les raisons qui ont pu déterminer le ministre à faire ce changement. J'en suis aussi surpris que mécontent. Je compte lui écrire à ce sujet.

Dans ma lettre du 4 courant, j'ai oublié de vous désigner les citoyens Dieu et Ozilliau, chefs de bataillon, pour l'obtention d'un brevet d'honneur. Quant au vôtre (1), je crois que c'est à

---

(1) Le 24 décembre 1800, au passage du Mincio, l'ennemi étant parvenu en

moi d'en faire la demande. Je ne vous dissimule pas le plaisir que j'aurais de voir tous les chefs du régiment faire partie de la Légion d'honneur.

Je vous salue avec beaucoup d'amitié.

10

Arras, le 20 floréal an XII (10 mai 1804).

Au major du 56e régiment d'infanterie, à Genève.

Je réponds, citoyen major, à votre lettre du 23 du mois dernier.

Votre admission dans la Légion d'honneur m'a fait un sensible plaisir; c'est à la juste satisfaction du gouvernement pour vos services que vous devez l'honneur d'en faire partie. Recevez, je vous prie, mes compliments bien sincères.

La lettre du ministre de la guerre, du 27 du mois dernier, mise à l'ordre de la division le 30 suivant, porte que chaque bataillon des grenadiers de l'armée de réserve doit avoir un état-major composé de : 1 chef de bataillon, 1 adjudant-major, 1 officier payeur, 1 chirurgien-major, 1 adjudant sous-officier, 4 maîtres-ouvriers, 1 colonel par régiment. Chaque compagnie doit être de 100 hommes, non compris les officiers; ainsi, la force totale de chaque bataillon doit être de 628 hommes et de 629 pour le bataillon auquel le colonel est attaché. En conséquence, je vous préviens que vous recevrez incessamment l'ordre du ministre de la guerre de me fournir 33 hommes, dont 24 grenadiers, pour nous porter au complet. Si le sous-lieutenant Berger, que j'ai demandé au ministre d'affecter au bataillon d'élite, n'a pas encore reçu l'ordre de partir, vous lui donnerez

---

longeant la rivière jusqu'à cent toises du pont, le commandant *Rottembourg* reçut, du général Gazan, l'ordre de faire une charge à la baïonnette sur la gauche du village de Pozzolo avec le bataillon qu'il commandait; il exécuta ce mouvement avec beaucoup d'impétuosité et de courage et concourut efficacement au brillant succès de la journée. (Livre d'or du 56e régiment d'infanterie.)

le commandement du détachement. Je pense bien que ce sera encore sur le bataillon qui est à Lyon que vous prendrez ces hommes, n'ayant pu en donner que 17, lors du dernier envoi, sur vos deux bataillons de Genève.

Veuillez bien, je vous prie, donner l'ordre au commandant Ozilliau de me donner de *beaux* hommes et de bons sujets. Un bataillon d'élite ne doit pas être composé autrement. Il leur fera couper les cheveux courts avant leur départ de Lyon. C'est l'ordre du général Junot. Je compte sur vous pour tout cela. Du reste, j'ai bien du plaisir à vous répéter que la marche que vous suivez dans vos relations de service avec mes chefs de bataillon me convient infiniment ; je m'applaudis tous les jours de vous avoir pour collaborateur.

Dimanche prochain, le ministre arrive à Arras pour passer en revue l'armée de réserve. Après cela, nous allons camper, les uns disent à Saint-Omer, les autres à Grenelle près Paris.

Je vous salue avec beaucoup d'amitié.

11

Arras, 8 prairial an XII (28 mai 1804).

A M. Frölich, marchand fourreur, rue Saint-Denis, n° 57, à Paris.

Je vous prie, citoyen, au reçu de la présente, de donner vos ordres pour me faire faire un bonnet à poil de la même forme que celui des officiers de grenadiers, mais pourtant un peu plus léger. Je veux avoir une plaque bien dorée, une grenade au milieu, et sans devise ; les deux glands doivent être à gros bouillons, comme les épaulettes de colonel. Je voudrais aussi que vous missiez des deux côtés du bonnet une attache en forme d'écailles de poisson, également bien dorée, pour pouvoir les accrocher sous le col lorsque je monte à cheval.

Je vous recommande surtout un poil bien noir et une qualité de peau d'ours qui ne laisse rien à désirer. Le prix ne devra pas dépasser 260 francs. Vous pourrez tirer à vue sur moi, ou, si vous le préférez, je vous ferai passer les fonds par la poste.

Je vous salue.

12

Arras, le 26 prairial an XII (15 juin 1804).

A M. Rottembourg, major du 56e régiment d'infanterie, à Genève.

J'ai reçu votre lettre du 8 prairial, mon cher Rottembourg, ainsi que votre rapport sur la situation et les mouvements du régiment. Je vous en remercie.

Vos plaintes sur l'inutilité de vos demandes au ministre sont fort légitimes. Je sens comme vous qu'après avoir épuisé tous les moyens praticables pour réédifier et réorganiser le régiment, il est bien dégoûtant de ne pouvoir rien obtenir. Il ne faut pas pour cela perdre patience ; ne vous lassez pas d'écrire, c'est à force de demandes réitérées qu'on vous accordera quelque chose. D'ailleurs, à plus de peine, plus de gloire, dit un proverbe.

On dit ici que nous devons faire partie de la garde impériale, mais ce ne sont que des on-dit. Tout ce que je sais, c'est que rien n'est épargné pour nous rendre brillants ; tous les chefs portent des bonnets de grenadiers, les officiers de chasseurs ainsi que les soldats sont en shakos. On disait encore, ces jours-ci, que tous les régiments d'élite devaient avoir des dénominations particulières : régiment de l'empereur, de l'impératrice, du connétable, etc., mais ce sont toujours des on-dit. Cependant, le 1er régiment de grenadiers est parti d'Arras, il y a dix jours, pour aller relever 1,200 hommes de la garde impériale. On pense que sous peu mon régiment le suivra.

Je vous salue, et vous assure de ma sincère amitié.

13

Arras, le 27 prairial an XII (16 juin 1804).

A Son Excellence Berthier, ministre de la guerre.

Monseigneur,

Le sous-lieutenant Berger, étant en recrutement à Angoulême lors de la dernière revue de l'inspecteur général Lecourbe, fut oublié dans le nombre de ceux qui avaient droit à des marques d'honneur. Le 20 floréal dernier, j'ai eu l'honneur de vous adresser un état nominatif des officiers, sous-officiers et grenadiers susceptibles, par leurs actions d'éclat, de recevoir ces marques distinctives ; mais cet officier n'y fut pas porté parce qu'il n'appartenait pas alors au bataillon d'élite. Je m'étais contenté de le proposer au choix du gouvernement pour le grade de lieutenant, comme j'ai eu l'honneur de vous le rappeler dans ma lettre du 20 germinal dernier. Comme M. le sous-lieutenant Berger fait maintenant partie du bataillon d'élite, je me fais un devoir de vous signaler plusieurs traits qui honorent son courage :

Pendant la retraite de Bruchsal sur Kehl, le 29 fructidor an IV, sous les ordres du général Scherb, l'ennemi, s'étant retranché au village de Grumbach avec deux pièces de canon, disputait vivement le passage à ma demi-brigade, la 68e. Après une lutte de cinq heures, où l'attaque et la résistance avaient été également opiniâtres, nous avions déjà perdu sans succès plus de 400 hommes. Berger, alors sergent-major, rallie, à la tombée de la nuit et dans la confusion du combat, un peloton des plus braves, presque tous sous-officiers et caporaux ; un officier se présente pour prendre le commandement ; mais, pour ne pas perdre la gloire qu'il espérait, Berger s'élance le premier, et, suivi de ses compagnons d'élite, il se rend maître de la position de l'ennemi et le force d'abandonner la route.

Le 2e jour complémentaire, à la reprise de Kehl par ma demi-brigade (1), la compagnie dont il était sergent-major fut com-

(1) C'est dans cette affaire que le colonel Boutrouë fut blessé et fait prisonnier. (Voir la lettre n° 13 de la Ire partie et P. J., n° 19.)

mandée pour s'emparer de la porte de la Kintzig. A peine engagés sur le pont, les trois officiers, quatre sergents, autant de caporaux et plus de la moitié des soldats sont enlevés par le feu de l'ennemi.

Berger prend le commandement du reste de la compagnie, se précipite à la baïonnette avec tant d'impétuosité que la porte fut enlevée à la première charge. Il fut blessé à la tête d'un coup de feu.

Le 27 floréal an VII, en Italie, l'armée attaqua l'ennemi entre Tortone et Alexandrie. Le 2e bataillon de la 68e demi-brigade avait reçu l'ordre d'éclairer la route de Novi. En exécution de cet ordre, le bataillon s'avança jusqu'à Fregaro, mais un parti de Russes s'étant jeté sur ses derrières la retraite devint fort dangereuse ; il fallait passer l'Orba (1) ; on avait bien sondé un gué, mais l'apparition de la cavalerie ennemie avait commencé à mettre du désordre dans la troupe et l'approche de la nuit l'augmentait encore. Beaucoup d'hommes avaient déjà péri, victimes de leur précipitation ; un grand nombre, effrayés des cris de ceux qui se noyaient, avaient pris la fuite en remontant la rivière pour se soustraire à une mort qu'ils considéraient comme certaine. Berger s'élance à leur poursuite, les devance et les arrête ; leur rappelant leur courage, il ne leur demande que de l'ordre et de la tranquillité pour conserver leur vie et leur honneur. Il réussit à les ramener, les range en bataille ; à leur tour ils en

---

(1) Le passage de l'Orba est relaté en ces termes dans le Livre d'or du 56e de ligne : « Le 16 mai 1799, en Italie, le général en chef Moreau résolut d'attaquer l'ennemi entre Alexandrie et Tortone. Le bataillon dans lequel combattait le capitaine Latour eut ordre d'éclairer la route de Novi ; mais l'armée française, accablée par des forces supérieures, ayant été obligée de repasser la Bormida, ce bataillon se trouva coupé de sa ligne de retraite ; il ne lui restait plus qu'à mettre bas les armes ou à se jeter dans l'Orba. Le capitaine Latour conseilla vivement ce dernier parti, chercha un gué et tout le bataillon se risqua dans la rivière, dont le cours torrentueux présentait de grands dangers. Sur onze cents hommes, plus de quatre-vingts furent entraînés et périrent dans les flots. Dans cette circonstance, trente officiers ou soldats durent la vie au brave Latour. A chaque instant malgré sa fatigue, il arrachait à la mort de nouvelles victimes et lui-même manqua de périr : un grenadier qu'il s'efforçait de sauver s'était attaché à lui et le serrait avec tant de violence qu'il lui devient impossible de nager ; épuisé, Latour allait subir le sort de celui qu'il voulait sauver, quand le caporal Léguerney, de sa compagnie, se mit à la nage et le poussa sur la rive. »

imposent à l'ennemi et secondent efficacement les dispositions prises par le chef de bataillon pour le passage de la rivière. Par sa fermeté, par sa prudence et surtout par la confiance qu'il sut inspirer à ses camarades, le sergent-major Berger eut une grande part dans les résultats de cette journée où le bataillon put échapper à un ennemi très supérieur en nombre et qui manœuvrait pour l'envelopper, alors que le général Victor le croyait infailliblement perdu. Cette honorable action d'éclat lui valut le grade de sous-lieutenant.

Je crois devoir signaler au gouvernement, qui veut répandre ses bienfaits sur des sujets dignes de récompense, cet officier qui donna toujours l'exemple de l'intrépidité et de l'élan qui mènent à la victoire. Je demande pour lui un brevet d'honneur.

J'ai l'honneur de vous saluer, Monseigneur le Maréchal, avec le plus profond respect.

14

Arras, le 16 messidor an XII (5 juillet 1804).

A son Excellence le Grand Chancelier de la Légion d'honneur.

Monseigneur,

J'ai l'honneur de vous accuser réception de ma nomination d'officier de la Légion d'honneur, qui ne m'est parvenue qu'aujourd'hui, parce qu'elle m'avait été adressée à Genève où se trouve mon régiment.

Comme je suis assuré que c'est par votre intermédiaire que j'ai obtenu ce nouveau témoignage de la bienveillance de Sa Majesté impériale, je vous prie de vouloir bien agréer mes sincères remerciements et de croire à mes sentiments de reconnaissance avec lesquels je suis respectueusement, Monseigneur, de Votre Excellence, etc.

15

Arras, le 21 messidor an XII (10 juillet 1804).

Au général Macon, commandant la 1re brigade des grenadiers de la réserve.

Général, depuis quelque temps je m'aperçois qu'il y a dans le 3e bataillon un plus grand nombre de malades que dans le 4e. J'ai voulu m'assurer par moi-même quelle en était la véritable cause ; j'ai fait de fréquentes visites avec mes chirurgiens dans le quartier occupé par ce bataillon ; j'ai constaté qu'il y régnait la plus grande propreté et que mes grenadiers étaient très bien nourris. C'est donc à l'air raréfié et concentré des chambres qu'il faut attribuer la cause de ces maladies. D'ailleurs, le rapport ci-dessous de mes chirurgiens vous convaincra de la vérité de ce que j'avance ; il mérite toute votre attention.

« Les officiers de santé du 2e régiment de grenadiers au colonel :

« A la suite de la visite de salubrité que nous venons de faire dans les chambres du quartier occupées par les grenadiers du 3e bataillon, nous avons spécialement observé que la cause des maladies qui s'y déclarent fréquemment est le peu de liberté que l'air éprouve ; il se trouve raréfié et concentré par le défaut de courants convenables. Nous vous prions donc de solliciter l'ouverture des croisées masquées et situées sur le derrière, afin de pouvoir à volonté établir des ventilateurs propres à changer et à renouveler l'air. »

Je vous prie, mon général, de demander au général Junot l'ordre de faire ouvrir les croisées qui donnent sur le derrière du quartier. Je compte sur votre sollicitude paternelle pour l'obtenir.

Salut et respect.

16

Arras, le 22 messidor an XII (11 juillet 1804).

Au major du 36e régiment d'infanterie, à Genève.

J'ai reçu vos deux lettres, mon cher Rottembourg, ainsi que la lettre du capitaine Bouchon, votre rapport de prairial et ma nomination d'officier de la Légion d'honneur.

Je reçois avec d'autant plus de plaisir votre compliment sur ma nouvelle dignité que je le crois bien sincère. Aussi je vous en remercie.

C'est par oubli que je ne vous ai pas parlé du dernier détachement que vous m'avez envoyé. J'en suis très content ; l'espèce des hommes en est belle et ils ont bon esprit.

Ce que vous me dites de la bonne harmonie qui règne dans le corps, ainsi que de sa discipline et de sa tenue, me fait plaisir. C'est à votre travail et à votre constance que je dois cet excellent esprit de corps qui fait le bonheur des chefs et des subordonnés.

Continuez de servir comme vous le faites, vous gagnerez de plus en plus la confiance du gouvernement et plus particulièrement l'estime d'un chef qui s'applaudit tous les jours de vous avoir pour major.

Le capitaine Bouchon (1), dont vous me parlez, est, sous tous les rapports, un homme de mérite ; s'il venait à vaquer une place de capitaine et qu'elle fût au choix du gouvernement, vous pourriez en faire la demande pour lui au ministre, à moins que

---

(1) Était caporal à l'armée du Rhin en l'an 1 : « Le 6 janvier 1793 l'armée prussienne fondit sur l'avant-garde de l'armée du Rhin. L'ennemi, déjà maître de la porte de Francfort, se présenta pour s'emparer de celle de Mayence. Le caporal de canonniers Bouchon était de garde à cette porte avec deux pièces de campagne ; aidé de deux de ses camarades il tira à mitraille sur l'ennemi qu'il arrêta tout d'abord ; puis, par un feu continuel, il rendit nuls les efforts des Prussiens qui revinrent plusieurs fois à la charge pour occuper ce poste important. C'est ainsi que par son courage et sa présence d'esprit, ce brave soldat favorisa la retraite de quatre mille hommes qui, surpris et tournés, eussent été forcés de mettre bas les armes. » (Livre d'or du 36e régiment d'infanterie.)

quelque capitaine ne voulût changer avec lui ; en ce cas, vous pourriez solliciter une lettre de passe pour le faire rentrer au régiment, mais je pense bien qu'il sera très difficile de trouver un homme de bonne volonté pour faire un pareil échange. Nous attendons de jour en jour notre Empereur. Il doit aller à Boulogne ; on ignore si c'est en allant ou en revenant qu'il viendra nous voir.

Je vous salue avec la plus grande amitié.

17

Arras, le 22 thermidor an XII (11 août 1804).

Au général Junot, commandant les grenadiers.

Mon général,

J'ai l'honneur de vous exposer que le nommé Ruot, sergent à la 5e compagnie du 3e bataillon, a acquis par son héroïsme et sa valeur des droits à la reconnaissance nationale. Notamment en l'an VIII.

A la tête d'un détachement de 85 hommes, le 25 messidor, il attaqua l'ennemi dans la ville de Javan (Piémont) et l'obligea, par un feu continuel et bien dirigé, de lui céder cette place qui, quelques jours auparavant, avait résisté à un détachement de 300 hommes. Entré en ville, il apporta tous ses soins à arrêter l'effusion du sang et à obvier à tous les désordres trop communs en pareil cas. Sa conduite lui valut les éloges du commandant de la colonne.

Au col de la Rousse, Ruot montra une intelligence égale à sa valeur en tournant l'ennemi et en le débusquant de cette position qui était de la première importance.

Ces faits, mon général, étant à la connaissance de plusieurs officiers du corps et à la mienne en particulier, je vous prie de prendre ce militaire en considération, vous observant qu'il a été omis sur les tableaux antérieurs parce qu'il était en recrutement.

Je vous salue respectueusement.

18

Arras, le 19 fructidor an XII (7 septembre 1804).

A M. Rottembourg, major du 56e, à Genève.

Je suis arrivé de Boulogne, mon cher Rottembourg, le 1er de ce mois. Je ne vous ferai point la description de cette fête (1), parce que les journaux ont dû déjà vous en instruire. Je vous dirai seulement que j'ai reçu des mains de l'Empereur la décoration d'honneur et que j'ai dîné à sa table ; le banquet était magnifique. Toute l'armée est enthousiasmée et brûle d'ardeur de passer la mer pour combattre les Anglais. Le 11 Sa Majesté est arrivée ici. Le lendemain, la division de grenadiers a manœuvré devant elle pendant trois heures. Sa Majesté a été très satisfaite de l'instruction et de la belle tenue des troupes. Le soir, tous les colonels ont eu l'honneur de dîner avec l'Empereur. Il nous a fait tour à tour des questions sur nos régiments ; heureusement que votre dernier rapport m'a mis à même de lui répondre d'une manière bien précise.

Je me suis plaint du peu de conscrits qu'on nous avait donnés en l'an XII et de ce que je me voyais avec peine dans l'impossibilité de porter mon régiment au complet.

Il m'a promis 900 hommes sur la conscription de l'an XIII. Avec ce nombre, nous pourrons un peu figurer. Je lui ai demandé un autre département, attendu que celui de la Vendée ne nous donnait aucun homme de taille ; il me l'a promis. Ce ne sont pas des promesses en l'air, car il a pris note lui-même de tout cela sur son porte-feuille. Je lui ai aussi demandé de nouveaux drapeaux, mais il m'a répondu que le 18 brumaire toute l'armée en recevrait de nouveaux ; ils seront surmontés d'un aigle et seront moins grands que les anciens.

Le général Caffarelli, qui est avec l'Empereur, m'a beaucoup parlé de vous. J'ai vu avec plaisir qu'il vous rendait la justice que vous méritez, et moi, par contre, je lui ai dit beaucoup de mal de vous.

---

(1) Distribution des décorations aux nouveaux légionnaires du camp de Boulogne (16 août 1804).

J'ai fait droit à votre demande relative à la souscription à proposer aux officiers du bataillon d'élite et dont le produit doit être employé à l'achat d'un trousseau pour l'enfant adoptif de notre camarade Morel, le jeune Colinet, qui vient d'être nommé élève du Prytanée de La Flèche. J'ai convoqué à cet effet tous les officiers du bataillon ; nous avons réuni une somme de 110 francs, que j'ai remise entre les mains du quartier-maître. Il portera cette somme à l'actif de vos comptes ; c'est le meilleur moyen d'éviter les frais de port. J'aurais bien désiré que la somme fût plus forte, mais les officiers ont été obligés de faire des dépenses considérables pour la revue de l'Empereur, et ils n'ont pu faire ce qu'ils auraient désiré.

Je vous salue et vous assure de mon amitié.

P. S. — Je vous préviens que je reçois à l'instant l'ordre de me rendre à Genève pour veiller par moi-même à la réorganisation du régiment. Auriez-vous déjà reçu des ordres à cet égard. Je compte partir dans quelques jours ; comme j'espère voir le ministre à mon passage à Paris, il pourra me mettre au fait de tout cela.

19

Arras, le 24 fructidor an XII (12 septembre 1804).

A M. Dugaye, commandant le 4e bataillon.

J'ai reçu, mon cher Dugaye, l'ordre du Ministre de la guerre de me rendre à Genève rejoindre mon régiment. J'éprouve beaucoup de peine à quitter mes grenadiers et je vous dirai, avec la franchise qui me caractérise, combien pendant huit mois j'ai eu de plaisir à commander un corps dont la discipline et le bon esprit ne laissaient rien à désirer. C'est une justice que je me plais à vous rendre ainsi qu'à messieurs vos officiers. Ce souvenir me sera toujours agréable.

Veuillez bien, je vous prie, leur témoigner mes regrets ainsi que mon sincère attachement.

SÉJOUR A GENÈVE ET A PARIS EN L'AN XIII.

20

Genève, le 15 vendémiaire an XIII (7 octobre 1804).

A M. Hersan, commandant le bataillon d'élite, à Arras.

Je n'ai pas encore eu le temps de rien voir de votre comptabilité, mon cher Hersan, mais j'espère m'en occuper après la revue du 18 courant. Le général Herbin est spécialement chargé de reviser votre ancienne comptabilité (56e demi-brigade), et cela est en partie cause de mon départ d'Arras pour le régiment. Je ne crois pas à une réduction de bataillons comme on le pense ici.

Les détachements de Briançon, Lyon et Genève doivent se trouver le 24 à Mâcon et continuer leur route jusqu'à Paris, où ils doivent être rendus le 12 brumaire pour le couronnement; ce même jour, ils doivent aussi se réunir à la députation d'élite de votre bataillon, et le tout sera commandé par moi.

Vous savez sans doute que nous portons nos quatre drapeaux et qu'ils doivent être échangés pour quatre autres neufs le jour du couronnement.

Je vous salue sincèrement.

21

Paris, le 20 brumaire an XIII (11 novembre 1804).

A M. Hersan, chef du bataillon d'élite.

Monsieur, aussitôt ma rentrée au régiment, j'ai cru de mon devoir de m'éclairer sur les différends qui existent depuis trop longtemps entre vous et le conseil général du corps, relativement au partage qui eût dû être fait, lors de votre départ, du magasin et de la masse générale.

Je me suis occupé sérieusement de cette affaire, à la demande du conseil général, et je lui ai communiqué votre lettre du 25 fructidor dernier.

J'ai apporté toute l'impartialité possible dans l'examen de vos prétentions respectives, mais laissez-moi vous répéter ici ce que j'ai déjà dit aux membres du conseil général : j'ai constaté de part et d'autre, dans toute cette affaire, beaucoup trop de vivacité et d'exaltation dans l'attaque comme aussi une résistance trop opiniâtre dans la défense. Ces sentiments, sous la forme exagérée où ils se sont produits, écartent la confiance que de braves camarades se doivent réciproquement et altèrent l'amitié qu'ils doivent entretenir pour le bon esprit du corps. Vous avez cru, les uns et les autres, mettre vos droits à l'abri en invoquant l'autorité ministérielle. Comme colonel et comme arbitre, je ne puis ni ne dois approuver ces sortes de procédés. La paix, l'amitié et la confiance entre *tous* les membres d'un corps sont non seulement désirables, mais absolument nécessaires, et le premier droit comme le premier devoir d'un colonel est d'y prétendre. Tel est mon principe.

Je tenais, Monsieur, à vous prévenir que votre réclamation avait été examinée par moi avec toute la bienveillance compatible avec mes devoirs. Vous recevrez sous peu satisfaction.

Je vous salue sincèrement.

22

Paris, le 20 brumaire an XIII (11 novembre 1804).

A Son Excellence le Ministre de la guerre.

Monsieur le Maréchal,

Par nos lettres du 1er floréal et du 28 prairial derniers, le major de mon régiment et moi nous vous avons représenté différents vices qui existent dans la loi sur la conscription et dont le principal est l'abus que l'on fait de la faculté du remplacement.

Nous ne connaissions, en général, ces vices que par l'espèce même des hommes que le corps recevait, et c'est en vain que je m'en suis plaint, à plusieurs reprises, aux capitaines de recrutement. Mais la revue de l'inspecteur général que nous venons de passer et pour laquelle je me suis rendu, d'après vos ordres, d'Arras à Genève, d'où je reviens, nous a parfaitement éclairés sur la cause de nos plaintes et sur leur auteur. Je vais exécuter l'ordre que j'ai reçu de vous en rendre compte.

Le contingent fourni cette année par le département de la Vendée présente une très grande quantité d'hommes faibles et de petite taille ; la plupart sont visiblement infirmes ou d'une stature trop courte et sont ou d'autres départements, ou réformés d'autres corps. Beaucoup de cette classe ont déclaré avoir été enrôlés par le capitaine Tannière et ne pas connaître les conscrits pour lesquels ils servent; cependant tous ont été signalés par le capitaine Tannière comme domiciliés dans le département de la Vendée, tandis qu'ils n'en sont réellement pas. Il résulte de toutes ces infractions aux lois et règlements une réforme de 122 hommes, dont une bonne partie de la Vendée, réforme aussi onéreuse pour l'Empire que pour le régiment, soit en hommes, soit en finances.

Je viens supplier Votre Excellence, monseigneur le Maréchal, de vouloir bien, ainsi que Sa Majesté l'Empereur a bien voulu me le promettre personnellement lors de son passage à Arras, m'accorder un autre département que celui de la Vendée pour le recrutement de l'an XIII.

Salut et respect.

23

Paris, le 20 brumaire an XIII (11 novembre 1804).

A Son Excellence Monseigneur le Maréchal, Ministre de la guerre.

Monseigneur,

J'ai l'honneur de vous soumettre quelques observations sur la composition et la situation actuelle du régiment que je commande. Je vous prie de vouloir bien les prendre en considération.

Composition.

Ce corps ne présente, en général, qu'une très légère proportion d'anciens sous-officiers, caporaux et soldats qui aient fait la guerre. En voici les raisons : le régiment est formé des 56e et 68e demi-brigades ; toutes deux ont fait toutes les campagnes sur le Rhin et celles d'Italie, notamment depuis l'an VI jusqu'à la paix. Rentrée en France, la première était tellement réduite en hommes qu'elle a été formée à deux bataillons, sur lesquels elle a fourni, en l'an X, environ le complet d'un bataillon pour les colonies.

La 68e a été également réduite par les événements de guerre. A peine ses deux bataillons avaient-ils rejoint le 3e à l'armée de l'Ouest qu'elle reçut l'ordre de compléter le bataillon dit bataillon de garnison, et de le faire partir pour l'Amérique. Indépendamment de ce bataillon, elle a aussi embarqué des détachements sur divers vaisseaux, en sorte qu'elle ne comportait plus pour ainsi dire que son cadre. A la vérité, ces ci-devant corps avaient un espoir dans la conscription, mais le premier, se recrutant dans la Vendée, n'a presque rien obtenu, et les hommes que la 68e a recueillis dans la Charente ont à peine compensé le nombre de désertés, réformés et morts. C'est ainsi qu'à l'organisation dudit régiment (le 7 brumaire an XII), son effectif s'est trouvé composé de :

Sous-officiers, caporaux et soldats			1.494
Gains depuis cette époque			783
Total			2.277
Perte	Désertés	101	796
	Rayés des contrôles	80	
	Bataillon d'élite	615	

L'effectif réel à ce jour n'est donc que de .... 1.481, dont 60 à proposer pour la réforme, plus 27 enfants de troupe.

Aussi, Sa Majesté Impériale, instruite de ce fait, a-t-elle eu la bonté de donner sa parole au colonel de faire fournir à ce régiment 900 hommes de la conscription de l'an XIII.

Il est bon d'ajouter que les diverses autorités militaires, connaissant la faiblesse du corps et pressentant la nécessité de lui donner une consistance plus nombreuse, ont dirigé sur lui tous les hommes détenus qui étaient à leur disposition ; mais cette mesure n'a pas du tout rempli leur but, attendu que ces mêmes hommes ont de suite déserté soit en route, soit à peine arrivés au corps ; la preuve en est que, depuis la formation du corps, il y a eu 90 jugements pour crime de désertion.

Situation.

L'emplacement du régiment et sa dissémination tant à Genève que dans le Valais et à Briançon, toutes places frontières de la Suisse et du Piémont, lui sont très préjudiciables.

La désertion, notamment à Genève, est journalière ; elle est provoquée et facilitée par beaucoup de personnes des environs. Ce fait est prouvé par l'arrestation toute récente d'un embaucheur, par une infinité de renseignements que j'ai recueillis à cet égard, et enfin par le grand nombre d'hommes condamnés.

D'un autre côté, le régiment, qui ne comprend que des recrues, étant toujours divisé et ses fractions éloignées les unes des autres, il est impossible d'y établir cet esprit de corps et cet ensemble qui sont si nécessaires pour le bien général.

Pour parvenir à ce point essentiel, il n'y a pas d'autre moyen que de réunir le régiment, tant que la paix durera, dans une place de l'intérieur, soit en Lorraine, soit en Alsace. C'est là que, par une discipline modérée mais suivie, on pourra réussir à reconstituer un corps qui, depuis six ans, ne cesse d'être décomposé et épuisé.

Son Excellence le Ministre de la guerre est suppliée de prendre en considération les observations ci-dessus et d'y faire droit.

Salut et respect.

24

Paris, le 21 brumaire an XIII (12 novembre 1804).

A M. Hersan, commandant le bataillon d'élite, à Arras.

Je reçois à l'instant, Monsieur, votre lettre du 8 courant, et j'y réponds.

La musique demandée par le ministre pour le bataillon d'élite est partie de Genève le lendemain de mon arrivée dans cette ville. Vous devez bien penser que les officiers, qui l'ont constamment payée (1) (et cela sans le concours de votre bataillon), n'ont pas été satisfaits de s'en priver pour vous ; ils ont suivi à la lettre les ordres du ministre, qui n'en demandait qu'une portion.

Vous devez vous rappeler que quand je commandais le régiment de grenadiers à Arras, vous avez cru devoir dispenser, sans me consulter, les officiers de votre bataillon d'une retenue qui, jusqu'alors, avait toujours eu lieu, et que même vous leur fîtes rendre un ou deux mois qui étaient en réserve chez le quartier-maître. Procédé se rend par procédé, et si vous avez un reproche à faire, adressez-vous-le à vous-même, car, soit dit entre nous, les officiers du bataillon d'élite, qui avaient touché une gratification et qui recevaient les vivres de campagne, avaient moins de raisons à se refuser à payer la musique du régiment que les officiers des bataillons de Lyon et de Briançon et du détachement du Valais, qui tous en sont privés depuis longtemps, et qui la payent régulièrement comme leurs camarades de Genève, qui seuls en profitent.

Je vous salue sincèrement.

25

Paris, le 22 brumaire an XIII (13 novembre 1804).

Au major du régiment, à Genève.

Je suis arrivé à Paris le 8 du courant au soir, mon cher Rottembourg, et j'en suis reparti le 10 au matin, pour me rendre à Melun, où j'ai inspecté le détachement formant la députation de nos quatre bataillons pour le couronnement ; comme la cérémonie a été fixée au 13 frimaire, la députation d'Arras ne viendra que pour cette époque.

La ville de Melun ne m'offrait pas beaucoup d'amusements,

(1) Voir P. J., n° 51.

aussi je me suis décidé à revenir attendre ici le jour où l'auguste cérémonie doit avoir lieu.

J'ai reçu toutes vos lettres. Vous avez parfaitement rempli mes instructions. J'ai eu depuis à répondre à une lettre du commandant Hersan, dans laquelle il se plaignait amèrement de ce qu'on ne lui eût pas envoyé de Genève la crème de nos musiciens. Je ne lui ai pas laissé ignorer le mécontentement qu'a éprouvé le régiment quand on a su qu'il se refusait à payer la musique, etc.

J'ai revu ici le général Caffarelli, nous avons parlé de vous; j'ai vu aussi le colonel Mouton, qui m'a chargé de vous dire mille choses honnêtes.

Je vous salue amicalement.

26

Paris, le 23 frimaire an XIII (11 décembre 1804).

Au major du régiment, à Genève.

Le rapport que vous m'envoyez, mon cher Rottembourg, de votre petite fête à l'occasion du couronnement m'a causé un vrai plaisir. Je n'avais pas besoin, du reste, de cette nouvelle preuve pour être convaincu du bon esprit qui règne dans le corps et de son attachement au souverain. Permettez-moi de vous témoigner toute ma satisfaction.

Je me rendrai à Tonnerre, auprès de mon épouse, vers le 7 nivôse. Si, jusqu'à cette époque, vous receviez des lettres du ministre et du grand chancelier à mon adresse, vous pourrez les ouvrir, et me donner connaissance de leur contenu, si c'est pressé; autrement, vous pourrez attendre mon retour à Genève.

Le détachement formant la députation du régiment est reparti avant-hier. Il emporte avec lui deux aigles, une pour le 1er bataillon et l'autre pour le 2e. Le ministre nous enverra les deux autres dès qu'elles seront achevées.

Salut et amitié.

DEUXIÈME SÉJOUR A GENÈVE.

27

Genève, le 24 nivôse an XIII (14 janvier 1805).

Au commandant Hersan, à Arras.

Je suis arrivé à Genève, monsieur, le 22 du courant. J'y ai trouvé vos deux dernières lettres. Vous vous êtes permis de décacheter un paquet à mon adresse, j'en suis fâché; vous voudrez bien dorénavant ne pas en agir ainsi.

Je suis prévenu que vous avez écrit au grand chancelier, en vous plaignant beaucoup de ce que j'avais sans doute oublié de porter un de vos officiers, M. Artus, sur l'état des légionnaires. Votre devoir était, avant que de faire cette démarche, de m'en donner avis; je vous aurais fait savoir, ce que vous ignorez peut-être, que, sans avoir égard aux états fournis par les conseils d'administration, tous les colonels avaient été appelés à la grande chancellerie pour désigner ceux d'entre les officiers, sous-officiers et soldats proposés qui doivent passer les premiers. Quant à M. Artus, si je ne l'ai pas porté sur le premier état, c'est que des raisons, dont je ne dois compte à personne, m'ont déterminé à lui donner un autre rang.

Croyez-moi, monsieur, ce n'est pas en agissant ainsi en arrière, en ayant une manière d'être en opposition complète avec ses paroles et ses écrits que l'on gagne la confiance de son chef, et encore moins en paraphrasant et en tournant en ridicule, et ce dans un café devant des inférieurs, lui et les lettres qu'il vous écrit. J'aime la franchise et la bonne foi; tout autre langage ou manière d'agir ne me conviennent point.

J'aime à croire que, par la suite, vous vous conduirez vis-à-vis de moi avec plus de décence, et que vous m'éviterez le désagrément d'adresser des reproches aussi sérieux à un chef que, jusqu'alors, j'avais toujours estimé.

J'espère obtenir encore des légionnaires pour le régiment; j'ai laissé à la grande chancellerie des états supplémentaires. Vous êtes maintenant prévenu que les demandes que vous pourriez faire isolément et sans mon aveu ne seraient pas accueillies. Les colonels ont seuls le droit d'en présenter. D'ailleurs, je ne veux rien ignorer.

Je vous salue sincèrement.

28

Genève, le 5 pluviôse an XIII (25 janvier 1805).

Au général Duperch, commandant le département du Léman.

J'ai l'honneur, mon Général, de vous adresser une plainte en conseil de guerre contre le fusilier Vanivanoise, Piémontais, avec un certificat d'un officier de santé qui atteste la gravité de la blessure reçue par le nommé Knap, cité dans la plainte.

Je vous fais observer qu'ayant beaucoup de Piémontais dans mon régiment, il est nécessaire de faire un exemple sévère. Vous savez comme moi qu'ils se servent volontiers de leur baïonnette ou de leur couteau quand ils en veulent à quelqu'un, même pour un motif futile. En conséquence, je vous prie d'envoyer cette plainte au général de division, pour que ledit Vanivanoise soit jugé par un conseil de guerre.

J'ai l'honneur de vous saluer avec respect.

29

Genève, le 11 pluviôse an XIII (31 janvier 1805).

A M. Hersan, commandant le bataillon d'élite.

Je vous préviens, Monsieur, que le 15 du courant, les deux bataillons qui sont ici partent pour Turin et que les bataillons qui sont à Lyon et à Briançon doivent avoir reçu le même ordre. Je pense que vous recevrez aussi sous peu l'ordre de quitter Arras pour vous rendre à la même destination avec votre bataillon. Je vais donc voir tout mon corps réuni. J'en suis d'autant plus heureux que depuis trois mois je sollicite du Ministre cette réunion, qui est très nécessaire pour le bien de tout le régiment.

Je vous salue, etc.

SÉJOUR EN ITALIE.

30

Turin, le 5 ventôse an XIII (24 février 1805).

A Son Excellence le Maréchal d'Empire, Ministre de la guerre.

Monseigneur le Maréchal,

J'ai l'honneur de vous rendre compte que, en exécution de vos ordres, les 4 bataillons de mon régiment (non compris le bataillon d'élite et 2 compagnies détachées dans le Valais), forts de 1433 hommes avec les officiers, tiennent maintenant garnison dans la place de Turin.

Chaque individu du corps s'est parfaitement conformé, pendant la route de Genève à Turin, aux lois et règlements de la discipline militaire.

Les cerficats ci-joints vous édifieront à cet égard. C'est avec une vive satisfaction que je les transmets à Votre Excellence, de laquelle j'ai l'honneur d'être avec respect, etc.

31

Turin, le 18 ventôse an XIII (9 mars 1805).

Au commandant Hersan.

J'ai reçu votre lettre du 10 courant, Monsieur. Vous me prévenez que, par suite des ordres du Ministre de la guerre, votre bataillon doit rester à Lyon jusqu'à nouvel ordre. Le général de division m'en avait déjà instruit, mais il espère, ainsi que moi, que vous rejoindrez le corps après le passage de l'Empereur (1).

S. A. S. le prince de Beauharnais est arrivé ici le 15. Nous l'avons reçu avec tous les honneurs dus à son rang ; il nous a accueillis avec bonté. Il est reparti ce matin avec la colonne sous ses ordres.

Les deux compagnies qui étaient détachées dans le Valais arrivent à Turin le 28 de ce mois. Ainsi, il ne me manquera plus que votre bataillon.

Je vous salue sincèrement.

32

Turin, le 20 ventôse an XIII (11 mars 1805).

A Son Excellence le grand chancelier de la Légion d'honneur.

Votre Excellence m'a mis à même de me convaincre que c'était remplir ses vues que de lui proposer un acte de justice. Le certificat ci-joint lui en offre une nouvelle occasion. J'y joins mon témoignage parce qu'il est celui de la vérité, et j'ose encore supplier Votre Excellence de proposer et faire admettre le capi-

(1) Napoléon devait s'arrêter quelques jours à Lyon en se rendant à Milan pour son couronnement.

taine Gouvenel (1) à la Légion d'honneur, parce que, par ses vertus militaires, il en est réellement digne.

J'ai l'honneur d'être, etc.

33

Turin, le 24 ventôse an XIII (15 mars 1805).

Boutrouë, colonel du 56e régiment de ligne, commandant la place de Turin, au maire de Turin.

Monsieur le Maire,

J'ai reçu votre lettre en date d'hier, par laquelle vous vous plaignez que les séances du conseil spécial se tiennent au palais de la Ville et qu'on occupe une salle nécessaire à l'administration de la cité, etc., etc.

J'ai l'honneur de vous observer que, conformément aux formules et instructions rédigées par le Ministre de la guerre pour l'exécution de l'arrêté du 19 vendémiaire an XII, il est dit : « Dans les lieux où il n'y a pas de commandant d'armes en titre, la séance se tiendra à l'hôtel de la mairie et au frais de la commune. »

Dans le temps qu'il y avait ici un commandant d'armes en titre, ces séances devaient se tenir chez lui et il devait fournir audit conseil les tables et sièges nécessaires, chauffer et éclairer ledit lieu, sans qu'il puisse pour cela réclamer aucune somme ni dédommagement; mais le gouvernement a cru devoir ne plus mettre au rang des places d'armes la ville de Turin, et voilà

---

(1) A la bataille du 26 mars 1799 devant Vérone, un bataillon de la 56e demi-brigade forcé par un corps ennemi nombreux ployait en désordre, un peloton de cavalerie autrichienne le chargeait avec impétuosité. Gouvenel, alors sergent-major, ne voulant pas faire un mouvement rétrograde, fit feu et renversa une file ; le peloton l'ayant dépassé, il rechargea son fusil, ajusta l'officier qui le commandait et l'étendit mort sur la place, ce qui mit le désordre dans la troupe ennemie et lui fit prendre la fuite. Gouvenel fut signalé pour sa belle conduite dans cette journée où il tua à lui seul plus de vingt Autrichiens. (Livre d'or du 56e régiment d'infanterie)

pourquoi ces tribunaux tiennent maintenant leurs séances à la mairie.

Quant au local du couvent Saint-François que vous me proposez, j'ai l'honneur de vous observer encore qu'il est occupé par les deux conseils de guerre permanents de la division et que les frais de chauffage, etc., sont supportés par le gouvernement, et cela conformément à la loi.

Je sens comme vous que vos travaux administratifs ne doivent pas être interrompus, qu'ils doivent se faire dans le plus grand silence, et qu'aussi vos administrés doivent avoir accès auprès de leurs magistrats sans éprouver le désagrément de passer par la salle dont il est question dans votre lettre; mais vous pourriez bien, je pense, donner un autre local, toujours à la mairie, plus éloigné du lieu de vos séances; par là vous éviterez le désagrément d'être troublés dans vos travaux administratifs. Je vous invite donc à le faire et vous, comme moi, nous aurons satisfait à la loi.

J'ai l'honneur d'être, avec la plus haute considération, etc.

34

Turin, 8 germinal an XIII (29 mars 1805).

Au général Menou, administrateur général, grand-officier, etc.

Monsieur le Général,

J'ai reçu votre lettre du 7 courant et la copie de la lettre de Son Excellence Monseigneur le maître de la police générale de l'Empire, portant suppression des jeux dans la ville de Turin.

J'ai l'honneur de vous observer qu'en me passant le commandement de la place de Turin, mon prédécesseur ne m'a laissé aucun renseignement sur cet objet; je ne m'en suis jamais occupé, ayant toujours pensé que l'attribution de la surveillance des jeux dans la ville était dévolue à l'autorité civile et à la police et non au commandant de place. Si je me suis trompé, veuillez bien, je vous prie, me donner des instructions à cet égard pour que je puisse m'y conformer.

Hier, une querelle a eu lieu entre divers militaires de la garnison. Le théâtre de cette scène était dans une maison publique près la place Saint-Charles. Il en est résulte qu'un militaire italien a été tué et que quatre autres ont été blessés, dont deux grièvement ; ces deux derniers sont de l'artillerie italienne, les deux autres de l'infanterie.

Le commissaire de police, ses agents ; le capitaine de gendarmerie, ses gendarmes ; un adjudant de place et la garde se sont rendus sur les lieux pour y mettre le bon ordre et se saisir des coupables, ce qu'ils n'ont pu faire, attendu que les militaires se sont évadés par les croisées de derrière et qu'il n'est resté dans la maison que le mort, les blessés et les femmes. Ces dernières ont été conduites à la prison correctionnelle.

Ce matin, j'ai envoyé un adjudant de place à l'hôpital Saint-Jean pour y prendre des informations auprès des blessés. Après les avoir questionnés de différentes manières, il lui a été répondu que ces coups leur avaient été donnés par des chasseurs français de la garnison, mais qu'ils ignoraient leurs noms.

Aussitôt que des rapports plus précis me seront parvenus sur cette malheureuse affaire, j'aurai l'honneur de vous en donner connaissance.

En attendant, croyez, Monsieur le Général, à mon profond respect.

35

Castelnovo, le 5 floréal an XIII (25 avril 1805).

A M. le général Rostolland.

Mon Général,

La proposition que vous me faites par votre lettre d'hier comprend deux objets bien précieux à nos cœurs. Et nous aussi, nous voulons prouver à Sa Majesté Impériale notre respectueux attachement en éternisant sa gloire et sa mémoire, trop heureux de lui donner ainsi un faible témoignage de notre fidélité à sa personne sacrée.

Je vous assure, en conséquence, mon Général, que le 56e suivra en tous points les dispositions qui seront prises par la 1re division, en vous faisant observer néanmoins que le bataillon d'élite qui vient de rejoindre le corps a déjà souscrit à Arras pour l'érection de ce monument (1).

Salut et respect.

Asti, le 2 prairial an XIII (22 mai 1805).

A Son Excellence Monseigneur le maréchal Berthier, Ministre de la guerre.

Monseigneur,

J'ai reçu votre lettre du 6 pluviôse dernier, relative aux musiciens du bataillon d'élite (2).

J'ai l'honneur de vous rendre compte que, dès la réunion de ce bataillon au régiment, un grand nombre de musiciens sont rentrés dans leurs compagnies comme fusiliers, en ayant été tirés pour former la musique de ce bataillon, et que maintenant le nombre des musiciens du corps n'excède pas 24, y compris quelques enfants de troupe. La retenue que l'on exerce aux officiers ne se monte qu'à un jour de solde par mois.

J'ai l'honneur, Monseigneur, de vous saluer respectueusement.

---

(1) Il s'agit dans cette lettre du monument commémoratif de la victoire de Marengo, inauguré le 5 mai. (Voir la lettre 64 de la 1re partie.)

(2) P. J., n° 51.

37

Asti, le 3 prairial an XIII (23 mai 1805).

Au général Jalras, commandant le département du Tanaro, à Tortone.

Mon général,

Mon chirurgien-major a pris auprès des chirurgiens et médecins de la ville tous les renseignements relatifs à la situation sanitaire de la localité, ainsi que sur les soins et précautions à prendre pour assurer la santé des militaires sous mes ordres.

L'eau est généralement bonne, mais ce n'est pas un motif pour retarder la distribution de vinaigre qui a lieu en cette saison. Ce vinaigre pourra servir à aciduler légèrement la boisson du soldat; j'ordonnerai à mes hommes de se rincer la bouche tous les matins avec cette mixtion, leurs gencives se raffermiront, et l'affection scorbutique aura moins de prise. Cette mesure n'est pas, pour le moment, d'une très urgente nécessité; mais elle ne peut faire que du bien au soldat. En conséquence, je vous prie de vouloir bien faire les démarches nécessaires auprès du général de division pour faire donner à la troupe ce correctif.

J'aurai l'honneur de vous faire passer demain le rapport que vous me demandez sur la discipline dans mes cantonnements. J'espère qu'aucune plainte ne vous sera portée contre des militaires de mon régiment, et que vous n'aurez qu'à vous louer d'avoir sous vos ordres le 56e régiment. Quant à moi, je suis bien flatté qu'il fasse partie de votre brigade.

Salut et respect.

38

Asti, le 5 prairial an XIII (25 mai 1805).

A Son Excellence le maréchal Berthier.

Le nommé Cédoz, conscrit désigné pour le 106e régiment, se

trouve être le neveu d'un capitaine du régiment que je commande. Comme ce dernier m'a manifesté le désir d'avoir son neveu auprès de lui, j'ai écrit au colonel du 106e pour avoir, avec votre agrément, une *lettre de passe* qui permette à ce jeune homme de venir nous rejoindre ici. La lettre que m'écrit à ce sujet son colonel vous convaincra qu'il consent à me l'envoyer, sous réserve de votre approbation et de vos ordres.

En accueillant favorablement ma demande, vous ajouterez aux sentiments de reconnaissance et de respect avec lesquels j'ai l'honneur d'être, Monseigneur, etc.

39

Asti, le 19 prairial an XIII (8 juin 1805).

Au capitaine Trécole, commandant le détachement d'Acqui.

Monsieur, je vous préviens que j'ai autorisé les officiers, sous-officiers, caporaux et soldats à se couper les cheveux à l'instar du bataillon d'élite, et que ce genre de coiffure existe maintenant dans tout le régiment; en conséquence, vous autoriserez les militaires du demi-bataillon que vous commandez à faire de même, et vous veillerez à ce que les cheveux soient coupés uniformément.

J'ai reçu votre lettre du 15 courant et votre rapport sur la police et la discipline pendant la première quinzaine. Je vous approuve d'avoir puni les militaires qui, sans ordre, avaient fait couper leurs cheveux, puisque c'était de vous qu'ils devaient le recevoir; maintenant c'est une affaire finie, et vous ferez sortir de prison les soldats qui ont été punis pour cette cause-là.

Vous ferez faire, à l'exemple du régiment, le maniement des armes, y compris la charge en douze temps sans décomposer; quand vous vous serez assuré qu'il y a de l'ensemble dans l'exécution de cette leçon, vous passerez à la charge précipitée et ensuite à la charge à volonté. Il sera à propos que vous fassiez faire de temps à autre les feux de rang par demi-bataillon et par division, pour que les officiers et les soldats n'en perdent pas l'habitude.

J'approuve également votre ordre de tenir la troupe en veste et en bonnet de police quand elle n'est pas de service. Cette attention de votre part me plaît infiniment. Je vous engage à ne rien négliger des choses qui tendent à l'économie.

Salut amical.

40

Asti, le 22 prairial an XIII (11 juin 1805).

A Son Excellence le maréchal d'Empire, ministre de la guerre.

Monseigneur,

Conformément à votre ordre du 19 courant, j'ai l'honneur de vous adresser ci-joint l'état des militaires de toutes classes incorporés à mon régiment depuis le 1er vendémiaire an XII. Le total en est, au 15 de ce mois, de 1,158 hommes. 123 autres, dont une partie est déjà arrivée, doivent rejoindre incessamment.

En général, la conscription de l'an XIII est belle. Celle du département de la Lys (Bruges) donne des hommes robustes, quoique jeunes; celle de la Vendée en offre qui, pour la plupart, paraissent de très bonne volonté.

Il me reste donc à désirer que les 409 hommes que j'ai encore à recevoir de la Lys, de la Vendée et de la Haute-Garonne soient de pareille espèce, et que j'aie les moyens nécessaires pour bien les équiper. Avec les soins que j'apporte à leur éducation militaire, je pourrai me féliciter d'avoir reformé un corps qui était délabré pour la troisième fois.

Salut et respect.

41

Asti, le 28 prairial an XIII (17 juin 1805).

A Son Excellence le grand chancelier de la Légion d'honneur.

Le 28 nivôse, j'ai eu l'honneur de remplir le vœu de votre circulaire du 30 brumaire précédent, en vous adressant le tableau des officiers et membres de la Légion d'honneur du régiment, non compris ceux du bataillon d'élite, et c'était tout ce que je pouvais faire alors. Aujourd'hui que ce bataillon est rentré au corps, j'ai pensé que, pour mieux remplir vos intentions, je devais réunir en un tableau général tous les officiers et légionnaires du régiment sans exception. J'ai donc l'honneur de l'adresser à Votre Excellence.

Votre Excellence me permettra-t-elle de rappeler à son souvenir l'envoi d'un certificat aussi élogieux que mérité que je lui ai fait, le 20 ventôse dernier (1), en faveur du capitaine Gouvenel, de mon corps. J'ai bien moins de doute de la justice de Votre Excellence envers cet officier, que je n'ai de crainte que ma supplique ne vous soit pas parvenue. Daignez encore me tirer d'inquiétude à cet égard.

Salut et respect.

42

Asti, le 3 messidor an XIII (22 juin 1805).

Au capitaine Dorez, en recrutement dans le département de la Vendée.

Je suis aussi édifié que peu surpris, monsieur, des peines et soins que vous prenez pour que la conscription du corps soit d'une bonne espèce cette année. Il était bien temps de mettre

---

(1) Lettre 32.

dans cette opération importante le zèle que vous y apportez. Je ne puis que vous engager à le continuer; vos efforts, dont tout le corps vous sait gré, ont été jusqu'ici couronnés de succès, et je me plais à espérer qu'il en sera de même pour le reste de la conscription.

Je mettrai à profit, lorsque les circonstances me paraîtront favorables, le contenu de vos notes. Elles me seront précieuses pour faire bénéficier le corps des avantages que vous me signalez.

Vous n'auriez dû payer à votre détachement son tiers de solde que pour le temps fixe de sa route, attendu les changements qui peuvent s'opérer ici parmi les sous-officiers et caporaux. Vous voudrez bien y faire attention à l'avenir.

Je vous souhaite courage, bonne santé, et vous salue cordialement.

43

Asti, le 8 messidor an XIII (27 juin 1805),

Au général Menou, commandant la 27e division.

Mon général,

Conformément à vos ordres à moi transmis par le chef de l'état-major, le 6 messidor courant, j'ai l'honneur de vous adresser l'état nominatif de 24 officiers et 6 sous-officiers qui, par leurs actions d'éclat, bravoure, moralité et attachement particulier à Sa Majesté impériale et royale, sont susceptibles d'être admis à la Légion d'honneur. Comme, sur ce nombre, 10 d'entre eux seulement doivent recevoir des mains de l'Empereur leur décoration, j'ai désigné, dans la colonne d'observations, les sujets auxquels je m'intéresse plus particulièrement; mais, comme ce choix est subordonné à votre volonté, je vous prie d'y avoir égard, et de vouloir bien les porter sur l'état que vous devez adresser à l'Empereur.

J'ai l'honneur de vous observer que, sur les dix sujets que je vous propose, moitié sont de la ci-devant 68e demi-brigade, et l'autre moitié de la ci-devant 56e. Comme ces deux corps ont été réunis pour n'en plus former qu'un, je crois qu'il est de toute justice de les faire participer également aux bienfaits de notre souverain, et, par là, éviter des jalousies toujours dangereuses dans un corps. Depuis la réunion des deux demi-brigades, j'ai toujours suivi cette marche, et j'ai eu le bonheur de voir constamment régner, parmi les militaires sous mes ordres, l'union et l'harmonie.

En accueillant favorablement ma demande, vous ajouterez aux sentiments de reconnaissance et de respect avec lesquels j'ai l'honneur d'être, etc.

44

Asti, le 10 messidor an XIII (29 juin 1805).

Au capitaine Gauchais, à Turin.

J'ai reçu votre lettre du 9 courant. Je verrai avec plaisir, monsieur, votre admission au tribunal spécial de Turin, parce que je suis persuadé que vous remplirez ces fonctions avec toute la délicatesse et l'intelligence possibles. C'est dans cette persuasion que je viens de vous proposer au procureur général impérial à Turin.

Le capitaine Pillet, sur lequel le procureur général impérial est chargé de prendre auprès de moi des renseignements de la part de monseigneur le grand juge ministre de la justice, est, je pense, le deuxième sujet qui sera choisi pour remplir les fonctions de juge à ce tribunal.

Quant au capitaine Billion, adjudant-major, officier très instruit dans son métier, je le crois peu propre à remplir de pareilles fonctions. Sa présence sera bien plus utile au corps pour l'instruction de nos jeunes recrues. Une autre raison m'empêcherait aussi de le proposer, c'est que ses camarades n'ont pas vu avec plaisir qu'il fît les fonctions d'adjudant de place après le départ du régiment pour Marengo ; cela a fait jaser sur son compte, etc. Il appartient à la sagesse d'un chef de savoir éviter à ses officiers des froissements désagréables, surtout quand ils ont des torts dans l'esprit de leurs camarades. Vous savez que je l'aime assez pour l'obliger, et ce ne serait pas le faire que de l'éloigner encore une fois du corps, surtout dans les circonstances actuelles.

45

Asti, le 14 messidor an XIII (3 juillet 1805).

Au général Jalras, commandant le département du Tanaro, à Tortone.

Mon général,

Le nommé La Brousse, fusilier, fort mauvais sujet, avait obtenu une permission de travailler au dehors, à condition qu'il mettrait le produit de son travail à sa masse; il a jugé plus à propos d'aller s'enivrer au cabaret au lieu de déposer son argent entre les mains du chef de compagnie, comme ils en étaient convenus ensemble. Le chef le fit mettre à la salle de police, et c'est de là qu'il est sorti, je ne sais comment, pour aller vous porter ses plaintes. Je vous suis infiniment obligé de l'avoir puni pour avoir méconnu l'autorité de ses chefs, et j'espère que cette leçon-là le guérira de l'envie de s'adresser directement à vous sans avoir suivi, au préalable, la hiérarchie du pouvoir.

Je vous observe que son inconduite m'a forcé de lui ôter le grade de caporal qu'il avait antérieurement.

46

Asti, le 22 messidor an XIII (11 juillet 1805).

Au général Menou, commandant général de tous les départements au delà des Alpes, gouverneur général par intérim, grand officier de la Légion d'honneur.

Mon général,

J'ai l'honneur de répondre à votre lettre du 21 courant.

Pour obtenir des armes, nous nous adressons directement au

ministre de la guerre. Ces sortes de demandes se font ordinairement chaque trimestre; le ministre, alors, nous donne avis que tel directeur d'artillerie est autorisé à nous délivrer la quantité de tant de fusils. Ces jours derniers, j'ai fait ainsi au ministre une demande de 563 fusils et 563 baïonnettes pour compléter mon armement.

J'ai eu l'honneur de vous adresser plusieurs rapports sur la situation du logement et du casernement des militaires de mon régiment. Je ne vous ai pas laissé ignorer toutes les démarches que j'avais été obligé de faire pour engager la municipalité à donner des fournitures et des demi-fournitures à toute ma troupe. Le général Jalras a fait, de son côté, plusieurs démarches; malheureusement elles n'ont encore rien produit, et je n'ai même plus l'espoir d'obtenir, par la suite, ce que je demande.

La conversation que j'ai eue avec le maire, depuis son retour de Milan où il a vu l'Empereur, vous convaincra de ce que j'avance.

Sa Majesté Impériale et Royale, m'a-t-il dit, nous a promis une garnison à Asti, pour nous dédommager de la perte que nous faisions du département, des tribunaux, etc. Je l'ai interrompu pour lui dire : « Sa Majesté croit, sans doute, que vos casernes sont en état, et qu'elles contiennent tout ce qui est nécessaire au soldat; mais lorsqu'Elle saura qu'elles ne peuvent être occupées l'hiver, que presque toutes les chambres sont sans cheminée, qu'il y a peu de fournitures, et qu'à peine vous pouvez loger un bataillon au complet; quand Sa Majesté saura, en outre, que les soldats logés chez l'habitant couchent sur la paille, et qu'enfin Elle aura appris le peu de moyens dont vous disposez, je doute fort qu'Elle vous laisse ici une garnison. Si vous voulez la conserver, il faut vous occuper de faire faire de suite les réparations aux bâtiments (ces bâtiments sont d'anciens couvents dont le rez-de-chaussée est très malsain), et de donner des fournitures en assez grande quantité pour garnir les lits de nos soldats ; sans cela, vous pouvez croire que je mettrai sous les yeux de mes chefs la situation de ma troupe, et que je ferai tant auprès d'eux que j'obtiendrai une garnison qui me conviendra mieux sous tous les rapports. »

Il ne m'appartient pas de dire si c'est mauvaise volonté de la part des autorités ou des habitants, et si effectivement ils manquent de moyens; tout ce que je puis vous affirmer avec vérité, mon général, c'est que la municipalité ne s'est encore occupée de rien, malgré tout ce que j'ai fait et dit.

Votre nomination à la place de commandant général et de gouverneur général a fait plaisir à tout mon régiment. L'amitié que vous m'avez témoignée pendant mon séjour à Turin et les bontés que vous avez eues pour moi ne s'effaceront jamais de ma mémoire, et je puis dire avec la franchise qui me caractérise que le plus beau jour de ma vie sera celui où mon régiment se rapprochera de vous et marchera sous vos ordres.

Salut et respect.

TROISIÈME PARTIE

PIÈCES JUSTIFICATIVES.

1

56e REGIMENT D'INFANTERIE.

État des services, campagnes et blessures de M. Boutrouë (Jules-Alexandre-Léger), colonel, officier de la Légion d'honneur.

Services.

M. Boutrouë (Jules-Alexandre-Léger), colonel, né à Chartres, département d'Eure-et-Loir, le 20 avril. . .	1760
Soldat au régiment de Rohan-Soubise, compagnie de l'Eglise, le 12 février.	1778
Jusqu'au 12 février.	1780
Capitaine au 1er bataillon de la Sarthe, le 3 septembre.	1791
Jusqu'au 12 janvier.	1792
Sous-lieutenant au 33e régiment d'infanterie, ci-devant Touraine, le 12 janvier.	1792
Lieutenant au même corps, le 15 juin.	1792
Jusqu'au 27 frimaire an.	2
Chef de bataillon du 1er du Mont-Terrible, le 27 frimaire an.	2
Chef de la 65e, devenue 68e 1/2 brigade, le 28 floréal an	2
Colonel du 56e régiment, formé des 56e et 68e 1/2 brigades, le 7 brumaire an.	12
Jusqu'au 14 frimaire an.	14

Campagnes et blessures.

A fait les campagnes de 1792, 1793, des ans 2, 3, 4, 5 et partie de l'an 6 à l'armée du Rhin, restant de l'an 6, 7 et 8 à l'armée d'Italie, an 9 à l'armée de l'Ouest et partie de l'an 14 à l'armée d'Italie.

Le 27 prairial an 4, pour s'emparer de la forte position de la Rehutte, le chef de brigade prend le commandement de son 3e bataillon, traverse un bois de la largeur d'un quart de lieue tout inondé et coupé de marais; suivi de ses soldats, encouragés par l'exemple de leur chef, il surmonte tous les obstacles, affronte tous les dangers, s'élance dans la redoute au milieu du feu de l'ennemi, qui est, enfin, forcé à la retraite après un combat opiniâtre et sanglant.

A la bataille de Novi, le 28 thermidor an 7, le chef de brigade chargé de soutenir la retraite avec son 1er bataillon fut enveloppé de toutes parts et séparé du reste de l'armée; il ne cessa de donner l'exemple du courage le plus intrépide et du dévouement le plus héroïque.

Le 9 brumaire an 14, à l'affaire qui eut lieu ledit jour au delà de Vérone, il fut atteint d'un boulet qui lui emporta la jambe droite et est mort de cette blessure à l'hôpital de Vérone, le 14 frimaire courant.

Nous, composant le Conseil d'administration du 56e régiment d'infanterie de ligne, certifions l'état ci-dessus sincère et véritable.

Attestons, en outre, que mondit sieur Boutrouë n'a cessé de servir au corps avec honneur, bravoure et distinction, ayant toujours donné l'exemple de la moralité la plus épurée et ayant maintenu la discipline la plus exacte et la plus paternelle; qu'enfin, par cette bonne conduite, il a mérité de son corps les plus vifs regrets.

En foi de quoi, nous avons délivré le présent pour valoir ce que de raison.

A Padoue, le 28 janvier 1806.

(*Cachet.*) (*Suivent les signatures.*)

2

DÉCRET DE LA CONVENTION NATIONALE, DU 3 AVRIL 1793, L'AN SECOND DE LA RÉPUBLIQUE FRANÇOISE (1)

Qui ordonne d'arrêter tous officiers et soldats revenant de l'armée.

La Convention nationale, ouï le rapport de son Comité de sûreté générale, décrète ce qui suit :

I.

Tous officiers et soldats revenant des armées, fussent-ils porteurs de certificats, billets d'hôpitaux, passe-ports ou cartouches en règle, seront arrêtés et mis en lieu de sûreté jusqu'à nouvel ordre ; le présent décret sera exécuté dans toutes les communes de la République et envoyé sur-le-champ à l'administration de la police, au commandant général et aux quarante-huit sections.

II.

Toutes les personnes qui seront trouvées soit dans les rues, soit dans les lieux publics sans avoir la cocarde tricolore, seront mises en état d'arrestation et conduites devant les officiers municipaux, chargés de la police, pour y être interrogées.

Au nom de la République, le Conseil exécutif provisoire mande et ordonne à tous les corps administratifs et tribunaux, que la présente loi, etc.

Signé : GARAT. *Contresigné :* GOHIER.

Et scellée du sceau de la République.

---

(1) Dans la reproduction des pièces justificatives, l'orthographe du temps a été respectée.

3

DÉCRET DE LA CONVENTION NATIONALE, DU 2 AVRIL 1793, L'AN SECOND DE LA RÉPUBLIQUE FRANÇOISE,

Qui ordonne l'impression de toutes les lettres et mémoires de DUMOURIEZ.

La Convention nationale décrète ce qui suit :

I.

Toutes les lettres et mémoires du général *Dumouriez* à la Convention ou aux comités, ainsi que les lettres et mémoires du même général au ministre de la guerre qui ont été communiqués ou remis à la Convention ou aux comités, seront imprimés.

II.

Le Comité de défense générale se fera remettre par le Conseil exécutif toutes les pièces et mémoires du général Dumouriez, pendant qu'il était ministre des affaires étrangères et de la guerre, pour en faire incessamment un rapport.

Au nom de la République, le Conseil exécutif provisoire mande et ordonne à tous les corps administratifs et tribunaux que la présente loi, etc.

Signé : GARAT. *Contresigné :* GOHIER.

Et scellée du sceau de la République. (Timbre rouge.)

4

DÉCRET DE LA CONVENTION NATIONALE DU 3 AVRIL 1793, L'AN SECOND DE LA RÉPUBLIQUE FRANÇOISE,

Qui déclare que DUMOURIEZ, *traître à la patrie, est mis hors de la loi ; autorise tout citoyen à courir sus, et assure une récompense de trois cent mille livres et des couronnes civiques à ceux qui s'en saisiront, et l'amèneront à Paris mort ou vif.*

La Convention nationale ordonne que le Conseil exécutif provisoire nommera sur-le-champ un général pour remplacer Dumouriez.

Déclare à la nation françoise que Dumouriez est traître à la patrie, qu'il a juré la perte de la liberté et le rétablissement du despotisme.

Fait défense à tout général, à tout commandant de places, à tout soldat de la République, à toutes les autorités constituées en France de reconnoître Dumouriez pour général, d'obéir à aucun ordre de lui et à aucune réquisition.

Décrète que tout François qui reconnoîtra Dumouriez pour général, sera regardé comme traître à la patrie et puni de mort, et que ses biens seront confisqués au profit de la République.

Décrète que Dumouriez est mis hors de la loi, autorise tout citoyen à courir sus, et assure une récompense de trois cent mille livres et des couronnes civiques à ceux qui s'en saisiront et l'amèneront à Paris mort ou vif, ou à leurs héritiers, et que les trois cent mille livres seront tenues à la disposition du Conseil exécutif provisoire par la trésorerie nationale.

La Convention nationale met sous la sauve-garde de l'honneur et de la loyauté des soldats françois qui sont dans l'armée, qui était commandée par *Dumouriez*, les cinq commissaires par elle envoyés, et que Dumouriez tient en arrestation, et le ministre de la guerre.

Ordonne que le présent décret sera envoyé par des courriers extraordinaires dans tous les départements, aux corps administratifs, aux généraux et aux commandants de place, et qu'il sera de suite proclamé dans les villes et à la tête des corps armés.

Au nom de la République, le Conseil exécutif provisoire mande et ordonne à tous les corps administratifs et tribunaux que la présente loi, etc.

Signé : GARAT. *Contresigné :* GOHIER.

Et scellée du sceau de la République.

5

DÉCRET DE LA CONVENTION NATIONALE DU 4 AVRIL 1793, L'AN SECOND DE LA RÉPUBLIQUE FRANÇOISE,

Portant que les pères et mères, femmes et enfants des officiers de l'armée commandée par Dumouriez *seront gardés à vue comme otages par les municipalités.*

La Convention nationale, après avoir entendu le rapport de son Comité de défense générale, décrète ce qui suit :

I.

Les pères et mères, les femmes et les enfants des officiers de l'armée qui était commandée par Dumouriez, depuis le grade de sous-lieutenant jusqu'à celui de lieutenant général inclusivement, seront gardés à vue comme otages par chaque municipalité du lieu de leur résidence, jusqu'à ce que les commissaires envoyés par la Convention nationale et le Ministre de la guerre, détenus par la perfidie de Dumouriez, soient mis en liberté, ou que l'armée de Belgique soit remise sous les ordres du nouveau général qui sera nommé.

II.

Chaque municipalité sera tenue d'envoyer dans le plus bref délai au Directoire du district le procès-verbal contenant les noms des citoyens détenus en otage.

III.

Le Ministre de la guerre remettra dans les 24 heures à la Convention nationale l'état nominatif de tous les officiers, pour être imprimé et envoyé aux Directoires des départements pour l'exécution du présent décret.

Au nom de la République, le Conseil exécutif provisoire mande et ordonne à tous les corps administratifs et tribunaux que la présente loi, etc.

Signé : Garat. *Contresigné :* Gohier.

Et scellée du sceau de la République. (Timbre rouge.)

6

DÉCRET DE LA CONVENTION NATIONALE DU 5 AVRIL 1793, L'AN SECOND DE LA RÉPUBLIQUE FRANÇOISE.

Adresse de la Convention à l'armée de Belgique.

La Convention nationale à l'armée de Belgique.

Braves guerriers,

Dumouriez a trahi sa patrie. Ce conspirateur sous lequel votre valeur obtint jadis des triomphes, dont il s'attribuait la gloire, ne cherche plus qu'à vous faire essuyer des défaites pour vous en attribuer la honte.

Il tente de tourner contre la liberté les armes que vous n'aviez prises que contre la tyrannie.

Vous, François, menacer votre patrie!... Vous, marcher contre vos amis, vos frères, vos femmes, vos enfants!... Non, vous n'êtes pas coupables du plus atroce des crimes, vous ne le serez jamais : les soldats de la liberté ne sont pas devenus tout à coup les méprisables satellites d'un scélérat ambitieux.

Eh! n'est-ce pas à la voix de la patrie en péril que vous avez marché et vaincu? N'est-ce pas elle qui demande encore vos bras et vos armes?

Sa voix sacrée retentira au fond de vos cœurs; vous vous souviendrez de vos triomphes, et vous brûlerez d'en obtenir de nouveaux.

Ainsi vous jugent les représentants de la nation, dont vous avez la confiance et l'estime; ils vous connaissent mieux que le chef perfide qui vous trompe pour vous avilir et vous perdre.

Sa main audacieuse a violé la souveraineté du peuple, en saisissant ceux de ses représentants que la Convention nationale avait envoyés vers vous. Son crime est connu, il veut vous donner un roi. Son nom est voué à l'infamie, sa tête à l'échafaud. Vengez votre gloire et la patrie; livrez le traître, une couronne civique est le prix qui vous attend.

Soldats françois, s'il pouvait y avoir parmi vous des hommes qui ne restassent pas fidèles par l'horreur de la trahison, qu'ils apprennent du moins à l'être par la terreur du châtiment.

Vous n'êtes que l'avant-garde de la nation, elle est tout entière derrière vous, prête à protéger de sa puissance ceux qui sauront la servir, à écraser de sa foudre ceux qui oseraient être rebelles.

Le traître *Dumouriez* a calomnié Paris pour vous irriter contre cette ville, qui fut le berceau de la liberté, qui doit en être le soutien. Paris est calme, il veille à la sûreté des représentants du peuple, respecte les loix, est prêt à faire marcher ses phalanges républicaines.

Il vous a présenté la Convention nationale comme divisée en deux factions; il s'est prévalu de quelques débats que l'amour brûlant de la liberté, toujours ombrageux, surtout dans les temps révolutionnaires, a dû exciter parmi des hommes chargés des intérêts d'un grand peuple.

Soldats républicains, c'est de sa part une perfidie pour vous rendre les instruments aveugles et de l'anéantissement de la Convention et du rétablissement de la royauté.

La Convention nationale est une comme la Nation, elle maintiendra l'indivisibilité de la République, elle est ralliée autour de l'oriflamme de la Liberté; elle la portera, s'il le faut, dans vos rangs; elle fait unanimement le serment de mourir avec vous ou d'exterminer les conspirateurs, les tyrans et leurs satellites.

La Convention nationale adopte à l'unanimité la proclamation ci-dessus qui lui a été présentée par le Comité de défense générale, pour éclairer l'armée de la Belgique sur la trahison de *Dumouriez* et prévenir l'égarement dans lequel ce conspirateur cherche à l'entraîner.

Au nom de la République, le Comité exécutif provisoire mande et ordonne à tous les corps administratifs et tribunaux que la présente loi, etc.

Signé : GARAT. *Contresigné :* GOHIER.

Et scellée du sceau de la République. (Timbre rouge.)

7

DÉCRET DE LA CONVENTION NATIONALE DU 16 AVRIL 1793, L'AN SECOND DE LA RÉPUBLIQUE FRANÇOISE.

Manifeste de la Convention nationale de France à tous les Peuples et à tous les Gouvernemens.

Ce n'est pas seulement aux peuples qui prononcent le nom de liberté, ce n'est pas seulement aux hommes dont le fanatisme n'a point égaré la raison et dont l'âme n'est point abrutie par la servitude, que la Nation françoise dénonce l'atroce violation du droit des gens dont les généraux autrichiens viennent de se rendre coupables ; c'est à tous les peuples, c'est à tous les hommes.

Un François parjure, abusant contre la Convention nationale d'une autorité qu'il n'avait pu recevoir que d'elle, a fait arrêter quatre de ses membres. Ce n'est point un citoyen qui méconnoît dans un ennemi privé, dans un homme d'un parti contraire, le caractère auguste de représentant du peuple ; c'est un général qui exerce une violence contre ce caractère même qu'il était obligé de défendre.

Trop sûr que la présence des représentants du peuple françois rendroit bientôt l'armée tout entière à la République, *Dumouriez* a porté sa lâche perfidie jusqu'à les livrer à l'ennemi ; il a osé en faire le prix d'une honteuse protection ; il les a vendus dans l'espérance qu'on le laisseroit jouir en paix de l'or acquis par ses forfaits, et les généraux autrichiens n'ont pas rougi de se rendre ses complices, de participer à son opprobre comme à son crime.

Jamais, chez les peuples civilisés, le droit de la guerre n'a autorisé à retenir comme prisonniers, et bien moins encore comme otages, ceux qu'une basse trahison a livrés. Ce n'est point sur le territoire autrichien, c'est sur une terre françoise qu'ils ont été arrêtés ; ce n'est pas la force ou la ruse militaire, c'est le crime seul qui les a mis entre les mains de *Cobourg*. Se croire en droit de les retenir, c'est vouloir légitimer la conduite de ceux qui les ont livrés, c'est dire que les généraux ont le droit de vendre aux ennemis de leur pays, ses ministres, ses magistrats, ses représentants.

Diront-ils qu'ils ne reconnaissent pas la République ? Qu'ils nient donc l'existence de la Nation françoise, qu'ils nient donc l'existence du territoire sur lequel vingt-cinq millions d'hommes ont proclamé la liberté républicaine. Ils ne la reconnaissent pas et ils ont reconnu *Dumouriez !*

La trêve conclue avec lui n'a-t-elle pas été présentée à l'armée comme accordée aux troupes de la République ? L'armée l'aurait-elle acceptée, si elle n'avait pas été trompée, si elle avait pu la regarder comme le prix d'une trahison qu'elle déteste ! Et quand ils rompent cette trêve au moment où les trames de *Dumouriez* sont découvertes, n'est-ce pas avouer qu'ils ont voulu tromper et l'armée et la France ? n'est-ce pas annoncer qu'ils ne veulent traiter qu'avec des conspirateurs et des traîtres ?

Hommes libres de tous les pays, élevez-vous contre la conduite lâche et perfide des généraux de l'Autriche, ou bientôt vous n'aurez pas d'autres lois que celles des sauvages.

Que deviendront vos droits, s'il suffit, pour vous en arracher les plus zélés défenseurs, d'un traître qui veuille les vendre et d'un despote qui ose les acheter ?

Rois, songez qu'un conspirateur peut aussi vous livrer à des ennemis, et que l'exemple donné par *Cobourg* peut un jour tomber sur vos têtes. Plus le pouvoir que les peuples vous abandonnent est grand, illimité, plus votre sûreté exige que les liens qui unissent les hommes ou les peuples soient religieusement respectés. Et vos agents, vos hérauts d'armes, ne les mettez-vous pas en sûreté jusque dans les camps de vos ennemis, par la seule impression du caractère dont ils sont revêtus ? Vos négociations, vos guerres (ces guerres, que du fond de vos palais vous ne dirigez trop souvent que pour le seul orgueil de la victoire), ne les faites-vous pas à la faveur du droit des gens ? Prenez garde, l'attentat commis sur les représentants d'une grande nation, outrage la première des lois, efface la tradition du respect que les peuples civilisés étaient convenus de lui porter, et ne laisse plus apercevoir que ce droit terrible, réservé jusques alors aux hordes barbares, le droit de poursuivre ses ennemis comme on poursuit les bêtes féroces.

Le voile qui cachait si faiblement les intentions des ennemis de la France est déchiré.

Brunswick nous déclaroit en leur nom qu'il venoit détruire une Constitution où le pouvoir royal était avili. Aujourd'hui, ils viennent rétablir cette Constitution parce que du moins le nom de roi y était conservé.

Peuples, entendez-vous ce langage? Ce n'est pas pour vos intérêts que coule votre sang et le nôtre, c'est pour l'orgueil et la tyrannie des rois; c'est à l'indépendance des nations et non à la France qu'ils ont déclaré la guerre.

Peuples qui vous croyez républicains, ils ne veulent pas souffrir qu'une grande nation n'ait pas un roi; ils savent que l'existence de la République française seroit un obstacle éternel au projet qu'ils ont formé de vous donner aussi des maîtres.

Peuples qui vivez sous des rois, ils ne veulent pas qu'une nation puissante donne à l'Europe l'exemple d'une Constitution libre, fondée sur les droits sacrés de l'homme; ils craignent que le spectacle de cette liberté ne vous apprenne à connoître, à chérir vos droits. Il seroit perdu pour eux l'espoir coupable de vous retenir dans ce sommeil dont ils profitent pour saper les fondements de la liberté qui vous reste, pour forger ces chaînes auxquelles, dans leur délire et leur orgueil, ils ont osé condamner l'espèce humaine.

Peuples de tous les gouvernements, c'est sous la sauvegarde de votre générosité, de vos droits les plus sacrés, que la Nation françoise met ses représentants que la trahison a livrés à la tyranie. Vous êtes plus intéressés que nous à ce qu'ils soient bientôt libres. Vous partageriez la honte d'un crime que vous auriez souffert, et votre faiblesse donneroit aux tyrans la mesure de ce qu'ils peuvent contre vous.

La Convention nationale décrète l'impression de son Manifeste, la traduction dans toutes les langues, et charge le Conseil exécutif provisoire de le faire parvenir sans délai à tous les gouvernements.

Ce décret a été adopté à l'unanimité.

Au nom de la République, le Conseil exécutif provisoire mande et ordonne à tous les corps administratifs et tribunaux que la présente loi..., etc.

Signé : D'ALBARADE. *Contresigné :* GOHIER.

Et scellée du sceau de la République. (*Timbre rouge.*)

8

DÉCRET DE LA CONVENTION NATIONALE DU 26 AVRIL 1793, L'AN SECOND DE LA RÉPUBLIQUE FRANÇOISE.

Contenant une Adresse de la Convention nationale aux armées de la République.

La Convention nationale aux armées de la République françoise.

Soldats de la Liberté,

Vous n'avez pas été vaincus dans la Belgique; vous n'avez été que trahis. La nation avait multiplié à côté de vous des approvisionnements de tout genre; la perfidie d'un infâme général les a livrés à l'Autrichien. Il a épuisé de numéraire le Trésor public, pour en couvrir un pays qu'il devait lâchement abandonner.

Rassurez-vous! La France a les plus grands moyens de faire la guerre pendant plusieurs campagnes, si la Victoire, marchant avec des républicains, n'assuroit la défaite prochaine des hordes étrangères. La France a pour elle le génie de la liberté, sa population nombreuse, son beau territoire et le soleil qui le fertilise. Elle a des domaines immenses, sur lesquels repose la fortune publique, et le seul bien des traîtres peut alimenter longtemps la guerre contre toute l'Europe.

Des subsistances, des habits, des armes s'amoncèlent, et les citoyens accourent de toutes parts dans nos armées, tandis que nos ennemis ont épuisé leurs trésors et dépeuplé leurs Etats.

Nos ennemis combattent à trois cents lieues du sol dont le despotisme les a arrachés pour les traîner sur nos frontières; vous combattez sur vos foyers.

Nos ennemis se livrent aux hasards de la guerre pour une solde journalière; vous êtes armés pour vos familles, vos propriétés et vos droits.

Nos ennemis sont des esclaves, des mercenaires; vous êtes des hommes libres, des républicains.

Nos ennemis font une guerre d'armée; vous faites une guerre de peuple.

C'est un vil intérêt qui forma la ligue des tyrans, dont les haines et les rivalités réciproques préparent sourdement la ruine; c'est l'égalité et la liberté qui ont formé notre sainte coalition.

Connoissez tous les avantages que votre position vous donne et que votre courage vous assure. Les Autrichiens cherchent à vous tromper par des paroles de conciliation et des espérances de paix; la paix est dans leur bouche, mais la guerre est dans leur cœur.

C'est avec ces paroles de paix qu'ils tentent d'énerver votre courage, d'éteindre votre ardeur et de flétrir vos lauriers. C'est avec ces propositions astucieuses que nos ennemis, ruinés par leurs dépenses, fatigués par leur marche et divisés par leur ambition, veulent détruire l'esprit public de l'armée, diviser les citoyens et nous ramener au royalisme. C'est la paix des tombeaux qu'ils vous offrent; c'est la vie de la liberté qu'il vous faut.

Les représentants du peuple sauront bien saisir le moment d'une paix honorable et digne de la République; mais c'est votre confiance, c'est votre indignation contre les traîtres, ce sont vos triomphes qui nous donneront la paix. Pour y parvenir, il faut combattre, et bientôt nos ennemis, épuisés devant nos places fortes, s'estimeront heureux de l'obtenir.

Ils vous parlent de paix, et ils font une guerre atroce; ils prennent le rôle de pacificateurs, et ils agissent comme des cannibales; ils vous parlent de l'honneur national, et ils violent tous les droits des nations. Les perfides! ils vous parlaient aussi de paix lorsque, le 13 avril, dans la forêt de Saint-Amand, leurs soldats vous embrassoient pour massacrer ensuite votre avant-garde!

Leur cri est : *la paix et la royauté;* le vôtre doit être : *la République et la guerre.*

La Convention décrète que cette adresse sera envoyée sur-le-champ aux armées, et traduite dans plusieurs langues.

Au nom de la République, le Conseil exécutif provisoire mande et ordonne à tous les corps administratifs et tribunaux que la présente loi, etc.....

Signé : Clavière. *Contresigné :* Gohier.

Et scellée du sceau de la République.

9

(Sur parchemin.)

AU NOM DE LA RÉPUBLIQUE

BREVET DE LIEUTENANT.

Détails des services pour le sous-lieutenant Jules-Alexandre-Léger Boutrouë, né le 20 *avril* 1760,

Soldat dans le régiment de Rohan-Soubise depuis le 12 janvier 1777 jusqu'au 12 février 1782, sous-lieutenant le 12 janvier 1792.

Le Conseil Exécutif provisoire, établi en vertu de la loi du quinze août mil sept cent quatre-vingt-douze, l'an quatrième de la Liberté, prenant une entière confiance dans la valeur, bonne conduite, zèle et fidélité envers la Patrie, dont a donné des preuves, dans toutes les occasions, le sous-lieutenant Jules-Alexandre Léger Boutrouë, l'a nommé à la place de lieutenant de la compagnie du capitaine Roumilhat dans le trente-troisième régiment d'infanterie, vacante par la nomination du lieutenant Maiviere-Dartois à une compagnie (à dater du 15 juin dernier), pour en faire les fonctions, sous l'autorité du Conseil Exécutif provisoire et sous les ordres des officiers généraux employés auprès des troupes.

Mande et ordonne, le Conseil Exécutif provisoire, au colonel et, en son absence, à l'officier qui commande le trente-troisième régiment d'infanterie de le recevoir et faire reconnoître en ladite qualité.

Donné à Paris, le vingt-unième jour du mois de novembre mil sept cent quatre-vingt-douze, l'an premier de la République française une et indivisible.

Le Conseil Exécutif provisoire,

Dalbarade.

Pour duplicata expédié le 23e brumaire, l'an 2e de la République une et indivisible.

Le ministre de la guerre,

J. Bouchotte.

10

Nous soussignés, membres du conseil d'administration du bataillon du département de la Sarthe, certifions que Jules-Alexandre-Léger Boutrouë, natif de Chartres (Eure-et-Loir), a servi en qualité de capitaine de la 2e compagnie du 1er bataillon de la Sarthe, depuis le 3 septembre, époque à laquelle ce bataillon a été formé, jusqu'au 20 may 1792 qu'il s'est retiré pour entrer dans la ligne.

Nous attestons, en outre, que ledit citoyen Boutrouë s'est comporté en homme d'honneur, en brave militaire, et que ses mœurs, son civisme et son courage lui ont mérité l'estime et l'amitié de tous ses camarades.

En foi de quoi, nous lui avons fait passer le présent pour lui servir et valoir à ce que de raison.

Fait au cantonnement de Latinne, près le quartier général de Thinne, pays de Liège, l'an deux de la République française, le 20 janvier 1793.

Signé : ALBERT, lieutenant-colonel en 2e.

Les membres du conseil d'administration,

(Suivent les signatures.)

Cachet de cire du bataillon.

11

DÉCRET DE LA CONVENTION NATIONALE DU 23 MAI 1793, L'AN SECOND DE LA RÉPUBLIQUE FRANÇOISE.

Contenant une Adresse de la Convention aux armées de la République.

La Convention nationale aux armées de la République.

Citoyens,

Votre fidélité et votre courage ont préservé la République des dangers où un général parjure l'avait exposée, et vos mépris l'ont puni d'avoir osé croire que vous consentiriez à égorger vos frères pour vous donner un roi. Un roi à des François !

Une expérience, d'autant plus instructive que peu de mois ont suffi pour la rendre complète, n'a-t-elle donc pas prouvé à la nation la plus confiante et la plus généreuse que ni les serments, ni la clémence, ni les bienfaits n'enchaînent les rois; qu'un roi veut gouverner par la corruption, quand il ne peut commander par la force, et qu'il conspire contre la liberté quand il désespère de pouvoir l'opprimer ? Ah ! désormais, l'invincible horreur de la royauté distinguera les François entre les peuples libres, comme jadis elle a distingué les Romains.

Guerriers républicains, vous apprendrez à cette foule de guerriers, esclaves enchaînés, achetés ou séduits par des tyrans, que la puissance des rois doit s'abaisser ou se briser devant le génie de l'égalité ; qu'aucune portion d'une terre consacrée à cette divinité bienfaisante ne sera jamais souillée par le féroce et stupide orgueil d'un pouvoir héréditaire.

Soldats de l'égalité, que ce cri de guerre des François : *Vivre libre et sans roi*, répété par vos bouches victorieuses, fasse pâlir les tyrans sur leurs trônes ébranlés par vos armes et par notre exemple, et vous les verrez bientôt respecter une nation républicaine qu'ils n'ont pu vaincre, ni égarer, ni séduire.

Au nom de la République, le Conseil exécutif provisoire mande et ordonne à tous les corps administratifs et tribunaux que la présente loi, etc.

Signé : BOUCHOTTE. *Contresigné :* GOHIER.

Et scellée du sceau de la République.

12

DÉCRET DE LA CONVENTION NATIONALE, DU 27e JOUR DE BRUMAIRE, AN SECOND DE LA RÉPUBLIQUE FRANÇAISE, UNE ET INDIVISIBLE.

Qui consacre par un monument le triomphe du Peuple françois sur la tyrannie et la superstition.

La Convention nationale décrète ce qui suit :

Article premier.

Le peuple a triomphé de la tyrannie et de la superstition; un monument en consacrera le souvenir.

II.

Ce monument sera colossal.

III.

Le Peuple y sera représenté debout par une statue.

IV.

La Victoire fournira le bronze.

V.

Il portera d'une main les figures de la Liberté et de l'Egalité: il s'appuiera de l'autre sur sa massue. Sur son front, on lira *Lumière;* sur sa poitrine, *Nature*, *Vérité;* sur ses bras, *Force;* sur ses mains, *Travail.*

VI.

La statue aura quinze mètres, ou quarante-cinq pieds de hauteur.

VII.

Elle sera élevée sur les débris amoncelés des idoles de la tyrannie et de la superstition.

VIII.

Le monument sera élevé à la pointe occidentale de l'île de Paris.

IX.

La Patrie appelle tous les artistes de la République à présenter, dans le délai de deux mois, des modèles où l'on voie la forme, l'attitude et le caractère à donner à cette statue, en suivant le décret qui servira de programme.

X.

Ces modèles seront envoyés au ministre de l'intérieur, qui les déposera au Muséum, où ils seront exposés pendant deux décades.

XI.

Un jury, nommé par l'assemblée des représentants du peuple, jugera publiquement le concours dans la décade qui suivra l'exposition.

XII.

Les quatre concurrents qui auront le mieux rempli le programme concourront entre eux pour l'exécution.

XIII.

La statue, exécutée en plâtre ou en terre, de la grandeur prescrite par l'article VI, sera l'épreuve exigée pour ce second concours.

XIV.

Un nouveau jury prononcera aussi publiquement, et après une exposition de deux décades.

XV.

Celui qui remportera le prix sera chargé de l'exécution.

XVI.

Les trois autres concurrents seront indemnisés par la Patrie.

XVII.

La déclaration des droits, l'acte constitutionnel gravés sur l'airain, la médaille du 10 août et le présent décret seront placés dans la massue de la statue.

XVIII.

Le présent décret, ainsi que le rapport, seront insérés dans le *Bulletin* et envoyés aux armées.

Au nom de la République, le Conseil exécutif provisoire mande et ordonne à tous les corps administratifs et tribunaux que la présente loi, etc.

Signé : BOUCHOTTE. *Contresigné :* GOHIER.

Et scellée du sceau de la République.

(*Timbre rouge.*)

13

Neuf-Brisach, le 26 ventôse l'an 2e de la République française, une et indivisible.

L. E. F. OU LA MORT.

Méquillet, général de division, au citoyen Boutrouë, représentant du peuple, département de la Sarthe.

Je ne connais d'autre ambition à ton frère que celle de bien remplir ses devoirs et de mettre le bataillon à la tête duquel il se trouve en état de rendre à la République les secours qu'elle a droit d'en attendre; ses sentiments républicains et son civisme m'ont lié d'amitié avec lui, et c'est à ce seul titre que je l'accorde.

Son zèle et son activité auront bientôt mis son bataillon dans le cas d'atteindre les anciens, et dans tous les temps et à tous les moments il disposera de moi pour en obtenir les conseils qu'une expérience de quarante années m'a mis dans la cas de donner à ceux qui, comme lui, savent si bien en profiter.

Charmé, citoyen, que cette circonstance m'ait mis dans le cas de correspondre avec toi, et dans toutes les circonstances je te prierai de disposer de moi.

Salut, amitié et fraternité.

MÉQUILLET.

14

LIBERTÉ. ÉGALITÉ.

DÉPARTEMENT
DE LA GUERRE.

6e *division*.

Bureau des nominations
de l'infanterie.

Paris, le 28 ventôse, l'an 2 de la République française, une et indivisible.

Xavier Audouin, adjoint au ministre de la guerre, au citoyen Boutrouë, représentant du peuple, député à la Convention nationale.

Je m'empresse, citoyen, de te faire passer copie d'une lettre que j'avais en effet écrite au commandant du 1er bataillon du 33e régiment d'infanterie; j'y joins aussi une réponse pour ton frère qui y servait précédemment comme lieutenant et qui maintenant est commandant du bataillon de volontaires du Mont-Terrible, poste dans lequel le Ministre vient de le confirmer, comme il le devait, puisqu'il y a été nommé par un arrêté du représentant du peuple Leman.

Ces deux pièces te feront connaître pourquoi j'ai été en doute sur la légalité de l'avancement de ton frère ; que, d'après les explications qu'il m'a données, il n'existe plus de difficultés et qu'enfin tout se termine à votre commune satisfaction.

Je te prie en conséquence, citoyen, de vouloir bien faire passer ma réponse à ton frère, lorsque tu en auras pris communication.

Salut et fraternité,

Xavier AUDOUIN.

Copie de lettre écrite par le citoyen Audouin, adjoint au Ministre de la guerre, au citoyen commandant le 1er bataillon du 33e régiment d'infanterie, le 24 pluviôse, 2e année de la République une et indivisible.

« Par les derniers mémoires que tu viens de m'adresser tu proposes le citoyen Lami à une lieutenance en remplacement du lieutenant Boutrouë à une place de chef de bataillon. Je t'observe que cette nomination est illégale sous tous les rapports, car ledit Boutrouë ne peut être promu au grade de chef de bataillon sans avoir obtenu celui de capitaine, à moins que ce ne soit dans un bataillon de réquisition et, dans ce dernier cas, la loi du 2 frimaire, article 3, s'y oppose formellement, car elle ordonne à tous les officiers promus à de nouveaux emplois dans les bataillons de réquisition de rentrer dans leurs corps respectifs pour occuper les places desquelles ils étaient en possession ; d'après cette loi, le citoyen Boutrouë doit rentrer dans l'emploi de lieutenant et le mémoire de proposition que tu viens de m'envoyer doit être regardé comme non avenu.

« *Pour copie :* Xavier AUDOUIN. »

15

LIBERTÉ. ÉGALITÉ. LE PEUPLE SEUL EST SOUVERAIN.

Quartier général de Kurnweiller, le 22 floréal l'an 2e de la République française, une, indivisible et démocratique.

Le Représentant du peuple près l'armée du Rhin pour l'embrigadement.

D'après les témoignages avantageux du civisme, du zèle, de la bonne conduite et des talents militaires du citoyen Jules-Alexandre-Léger Boutrouë, chef de bataillon au 1er bataillon du Mont-Terrible,

Nomme ledit citoyen Boutrouë chef de la 65e demi-brigade pour en faire le service et jouir des prérogatives et émoluments attachés à ce grade.

(*Cachet de cire.*) ROUGEMONT.

16

ARMÉE DU RHIN.
—
AVANT-GARDE.

Bivouac en avant d'Essingen, le 5 messidor, l'an 2e de la République françoise une et indivisible.

LIBERTÉ. — ÉGALITÉ. — FRATERNITÉ OU LA MORT.

Infanterie. CERTIFICAT. 65e *demi-brigade.*

Nous, membres composant le Conseil d'administration, certifions que le citoyen Jules-Alexandre-Léger Boutrouë, chef de la 65e demi-brigade, natif de Chartres, département d'Eure-et-Loir, est en activité de service depuis le 3 septembre 1791 (v. s.) et qu'il n'a cessé de donner des preuves du plus pur patriotisme par son attachement à la Révolution républicaine et par son exactitude à faire son service.

Au bivouac, en avant d'Essingen, le 5 messidor, l'an deux de la République française, une, indivisible et impérissable.

(*Suivent les signatures.*)

Vu par le général de brigade,
LAMBERT.

Vu par moi, général de division,
GOUVION-SAINT-CYR.

17

LIBERTÉ. ARMÉES DE TERRE. ÉGALITÉ.

Au nom de la République française.

Brevet de chef de brigade.

Détails des services pour le citoyen Jules-Alexandre-Léger Boutrouë :

Né le 20 avril. 1760
Soldat dans le régiment de Rohan-Soubise le 18 février 1778

Congédié le 12 février 1780
Capitaine au 1er bataillon de la Sarthe le 3 septembre. 1791
Sous-lieutenant au 33e régiment d'infanterie le 12 janvier 1792
Lieutenant le 25 juin. 1793
Chef du 1er bataillon du Mont-Terrible le 27 frimaire. an 2

Le *Directoire exécutif*, établi en vertu de la Constitution, nomme le citoyen Jules-Alexandre-Léger Boutrouë à l'emploi de chef de brigade vacant et non pourvu dans la 65e demi-brigade d'infanterie, à dater du quatorze prairial deuxième année.

L'officier qui commande la 65e demi-brigade demeure chargé de le recevoir et faire reconnaître en ladite qualité de tous les officiers, sous-officiers et soldats de ladite demi-brigade.

A Paris, le troisième jour du mois de germinal, l'an quatre de la République française, une et indivisible.

LE TOURNEUR.

Par le Directoire exécutif,

(*Cachet.*) *Le Secrétaire général* : LAGARDE.

Le Ministre de la guerre : PETIET.

18

ARMÉE
DE
-ET-MOSELLE.

Au quartier général à l'île du Rhin, le 18 frimaire l'an 5e de la République française, une et indivisible.

LIBERTÉ. ÉGALITÉ.

Le général Desaix, commandant en chef les troupes au service de Kehl, aux citoyens composant la 68e demi-brigade.

Vous donner, citoïens, un témoignage de mon estime est pour moi une bien grande satisfaction.

Quel agrément de se rappeler souvent que la France vous doit la conservation du poste important de Kehl. Je vous déclare que c'est encore vous qui devez le défendre.

Votre courage, votre bravoure à toute épreuve vous désignent. Or, mon choix est fondé : je compte sur vous.

Le général de division,
DESAIX.

P. S. Je vous envoie copie de l'ordre de l'armée ; vous verrez que je vous ai cité en exemple aux autres demi-brigades. Vous le communiquerez.

J'apprends à l'instant que quelques mécontentements se manifestent dans la demi-brigade. Estimables officiers, sous-officiers et soldats, redoublez d'efforts ; désignez-moi les insinuateurs perfides et je vous promets d'en faire faire justice sur-le-champ.

19

Moulin, général de division à la 5e division militaire, au Directoire exécutif.

Au quartier général à Strasbourg, le 3e jour complémentaire an IV.

Hier matin, à la pointe du jour, l'ennemi nous a attaqués à Kehl avec toutes les forces qu'il a pu réunir ; les habitants des communes voisines qui travaillaient aux fortifications, conduisaient les différentes colonnes de l'ennemi qui s'y portaient avec une telle impétuosité que les avant-postes ont été forcés. Au même instant, l'ennemi a pénétré dans la place, qu'il a traversée, et est arrivé jusqu'à la tête de l'ancien grand pont sur le Rhin, où il a été arrêté et culbuté par le feu des batteries de la tête du pont dans l'isle du Rhin.

Ce succès n'a eu lieu qu'un moment. Le général Siscé et l'adjudant général Ramel, avec la 68e demi-brigade commandée par le chef de brigade Boutrouë, n'ont pas quitté les ouvrages et faisaient le feu le plus vif.

L'ennemi, repoussé, s'est établi dans plusieurs redoutes près de la place, ainsi que dans le village de Kehl, d'où il a été successivement repoussé avec une perte considérable, car les rues et les abords de Kehl étaient absolument jonchés d'hommes et de chevaux.

Un corps de Hongrois, formant l'avant-garde, a principalement souffert.

Nous avons fait environ 300 prisonniers, dont 30 officiers.

Salut et respect,

MOULIN.

20

ARMÉE
DE
ET-MOSELLE.

Au quartier général de Schiligheim, le 1er nivôse an v de la République française, une et indivisible.

LIBERTÉ. ÉGALITÉ. FRATERNITÉ.

Le général de division, chef de l'état-major général, au citoyen Delahaye, représentant du peuple au Conseil des Cinq-Cents, rue Honoré, n° 46.

J'ai l'honneur de vous prévenir, citoyen représentant, que, d'après la demande que vous avez faite au général en chef, je viens d'écrire à la commission chargée de l'échange pour l'engager à négocier celui du chef de brigade Boutrouë et au moins sa rentrée sur parole.

J'espère que si cet officier se trouve guéri des blessures honorables qu'il a reçues, il sera bientôt rendu à l'armée et aux désirs de sa famille.

Salut et fraternité,

E. REYNIER.

Quelques rapports annoncent que le citoyen Boutrouë est mort de ses blessures. Je vous ferai part de la réponse qu'on me fera.

21

De par Sa Majesté l'Empereur et Roi.

La commission militaire, établie pour les échanges des prisonniers de guerre, déclare que M. *Boutrouë*, chef de la 68e demi-brigade au service de France, fait prisonnier par les Autrichiens en 96 et rendu le 21 décembre 96 à Ehrenbreistein, a été échangé contre M. *Mahowatz*, colonel du 2e régiment autrichien bannal, fait prisonnier par les Français. Et que par conséquent le premier est dégagé de sa parole d'honneur qu'il a donnée de ne point porter les armes jusqu'à son échange.

Fait à Rheinfeld le 30 du mois d'avril 1797.

Le chev. DE WACHENBOURG, *colonel.*
PREMMIGER, *commissaire des guerres.*

(*Timbre impérial.*)

22

Offenburg, le 4 fructidor an V (4 août 1797).

Reynier à Gouvion-Saint-Cyr.

Je suis instruit, général, que la 68e demi-brigade est encore en garnison à Landau, tandis qu'on ne devait avoir dans cette place que le nombre des compagnies nécessaires pour faire le service; et que ces compagnies devraient être relevées souvent par d'autres, afin de faire supporter ce service et les privations des troupes en garnison par tous les corps. La 68e demi-brigade a déjà fait du bruit à Landau par le retard des payements de la solde; et, dans notre situation, on doit toujours s'attendre que les troupes casernées seront plus faciles à travailler par les malveillants, lorsque le manque de solde se joint aux mauvaises fournitures en vivres et en logement. C'étaient ces motifs qui avaient engagé, il y a un mois, le général en chef, à vous écrire de changer la 68e demi-brigade et d'organiser le service de Landau de manière qu'il n'y eût que le moins de troupes possible; j'ignore pour quel motif cela n'a pas été exécuté.

Maintenant que tous les services manquent, qu'on est obligé de faire nourrir les troupes chez les habitants, et qu'on ne peut qu'avec peine assurer le service des places, il importe encore plus de diminuer la garnison de Landau; je vous invite à en donner l'ordre sur-le-champ, etc.....

(*Mémoires de Gouvion-Saint-Cyr*).

23

Bonaparte tarda peu à arriver d'Italie; après avoir traversé la Suisse, pour se rendre à Rastadt, il devait passer dans les cantonnements de l'armée du Rhin. Augereau l'attendait et se disposait à lui faire la plus brillante réception; il nous avait dit qu'il voulait faire manœuvrer devant lui une partie des troupes de son armée, ne doutant pas qu'il en admirerait la beauté, l'instruction et la bonne tenue: mais Bonaparte lui réservait, au contraire, une mortification. Il s'arrêta dans un village, à deux lieues d'Offenburg, où se trouvait le quartier général d'Augereau; il y déjeuna, et, après avoir pris un peu de repos, il se remit en route, traversa la ville d'Offenburg, passa devant la maison du général en chef, où il était attendu, sans vouloir s'arrêter, malgré les sollicitations des aides de camp qui coururent après sa voiture pour lui indiquer que c'était bien là l'habitation d'Augereau, qui l'attendait. Celui-ci fut très sensible à cette démonstration affectée, il voulait punir le général Montrichard qui avait fourni à Bonaparte l'escorte d'honneur avec laquelle il avait traversé Offenburg, etc.....

(*Mémoires de Gouvion-Saint-Cyr*.)

24

Sommation du général Schawenburg à la ville de Soleure.

Le Directoire exécutif m'ordonne d'occuper la ville de Soleure, en ajoutant que si j'éprouve la moindre résistance et qu'une seule goutte de sang soit versée, les membres du gouvernement soleurien en répondront sur leurs têtes, ainsi que leurs biens, et que j'en ferai la justice la plus éclatante et la plus inexorable.

Notifiez la volonté du Directoire aux membres de votre gouvernement : je vous accorde une demi-heure pour vous déterminer ; passé ce temps, je brûle votre ville et je passe sa garnison au fil de l'épée.

Le général en chef,
SCHAWENBURG.

25

Turin, 2 décembre 1798.

Grouchy à Joubert.

Mon cher général, en exécution de vos ordres, j'ai pris hier le commandement de la citadelle de Turin. Quelques objets manquent au complément de ses moyens de défense, mais telle qu'elle est, et avec l'active surveillance que je viens de réorganiser, elle est à l'abri de tout coup de main et à même de soutenir un siège ; elle pulvérisera la ville, on en ouvrira les portes si nos ennemis le rendent nécessaire.

. . . .

Turin, 3 décembre 1798.

. . . .

Je suis en mesure, quoi que vous ordonniez. La 68e demi-brigade brûle de zèle : votre ordre du 1er l'a enflammée.

(*Mémoires du maréchal de Grouchy.*)

26

Turin, 2 janvier 1799.

Grouchy à Joubert.

Mon général, l'insurrection des provinces d'Albe et d'Asti est apaisée ; les chefs principaux sont arrêtés et, en ce moment, plusieurs doivent déjà être jugés et fusillés, conformément aux lois françaises contre les royalistes.....

L'adjudant général Flavigny, commandant la division de l'est, dont Albe et Asti font partie, s'est bien conduit ; il a exécuté et exécute encore avec énergie et prudence les ordres et instructions que je lui ai donnés. Je dois louer aussi la conduite du chef d'escadron Lavran, commandant la colonne mobile, formée du 7e dragons et d'un bataillon de la 68e demi-brigade.....

(*Mémoires du maréchal de Grouchy.*)

27

ÈE D'ITALIE.

Au quartier général de Turin, le 11 nivôse an VII de la République française, une et indivisible.

LIBERTÉ. ÉGALITÉ.

Bertrand Clauzel, adjudant général, chef de l'état-major de la division du Piémont.

D'après les dispositions arrêtées par le général Grouchy, commandant en Piémont, le chef de brigade Boutrouë prendra sur-le-champ le commandement de la place de Turin. Il viendra à l'état-major pour y recevoir les instructions du général Grouchy.

CLAUZEL.

28

..... Pendant que ceci se passait et que Turin flottait dans l'incertitude et dans l'attente, je sortis de la citadelle à la tête d'une colonne de grenadiers et de chasseurs à cheval, à l'effet de m'emparer de l'arsenal ; j'ordonnai aux troupes piémontaises, comme j'eusse ordonné à des soldats français, d'évacuer à l'instant tous les postes et de rentrer dans leurs quartiers. J'avais fait traduire en italien et imprimer dans Turin même, par les soins hardis du capitaine de génie Henry, l'ordre du 16, qui déclarait les troupes piémontaises partie intégrante de l'armée républicaine. Cet ordre avait été distribué abondamment, les troupes étaient ébranlées ; mon assurance les détermina ; elles rentrèrent dans leurs quartiers, où je les consignai. Je m'emparai aussi de l'arsenal, où je me mis en état de défense.

Peu de temps après, j'occupai de la même manière la porte Suzène, dont je pris possession avec une autre colonne : de là, presque seul, accompagné seulement du capitaine Henry et de quelques chasseurs à cheval, je me rendis, en traversant toute la ville, et suivi d'une foule immense, à la porte du Pô, confiée aux volontaires de Turin, espèce de gardes nationales monarchiques. J'annonçai, au nom du général en chef, que je confiais cette porte de la ville aux braves volontaires de Turin; qu'ils seraient aussi chargés de la tranquillité dans l'intérieur ; que je comptais sur leur loyauté et leur attachement pour les Français, qui n'étaient pas faits pour être leurs ennemis. Cette marque de confiance produisit le plus heureux effet ; elle circula de bouche en bouche, gagna les volontaires, et ce fut au milieu des cris : *Vive les Français ! vive la liberté !* que je retournai à la citadelle rendre compte au général en chef de l'état des choses. Cependant le peuple commençait à se livrer ouvertement à la joie.........
De toutes parts alors les cocardes nationales furent arborées, les arbres de la liberté s'élevèrent, le peuple se répandit dans les rues et manifesta la plus vive satisfaction.....

(*Mémoires du maréchal de Grouchy.*)

29

Turin, le 16 nivôse an VII de la République française (5 janvier 1799, v. s.).

(En italien et en français.)

LIBERTÉ. ÉGALITÉ.

Le commandant de place de Turin à ses concitoyens.

Sur le rapport qui vient de lui être fait par la municipalité de cette ville, que les ennemis du bon ordre et de la tranquillité publique s'étaient permis, au mépris des lois, de susciter des troubles aux différents théâtres, par des cris injurieux et significations qu'il répugne à répéter ; que lorsque le peuple piémontais a conquis sa liberté, tous ceux qui appartenaient à des castes qui ont disparu avec l'ancien gouvernement, lorsqu'ils respectent les lois, doivent également être protégés par elles ; considérant qu'il est du devoir de sa place de réprimer de tels désordres et prévenir ceux qui pourront être occasionnés, déclare que dès le moment que la tranquillité publique sera troublée et qu'un citoyen sera insulté, les auteurs, instigateurs, fauteurs et complices seront sur-le-champ arrêtés et punis suivant la rigueur des lois ; en conséquence, il est ordonné aux officiers de police des spectacles d'arrêter et faire conduire sous bonne et sûre garde toute personne qui contreviendra aux dispositions du présent arrêté, pour être statué ce qu'il appartiendra.

Le commandant de la place,
BOUTROUË.

Approuvé par le général GROUCHY,
Commandant en chef en Piémont.

30

ARMÉE D'ITALIE.

Au quartier général à Turin, le 25 ventôse an VII de la République française.

LIBERTÉ. ÉGALITÉ.

Emmanuel Grouchy, général de division, commandant en Piémont,

Certifie que le citoyen Boutrouë, chef de la 68e demi-brigade de bataille, tant en cette qualité que comme président du Conseil de guerre et comme commandant de la place de Turin, fonctions auxquelles il a été successivement appelé depuis l'entrée des troupes françaises en Piémont jusqu'à ce jour, a constamment montré du civisme, du zèle et de l'intégrité; qu'ainsi il a acquis des droits à l'estime des vrais républicains.

Emm. GROUCHY.

31

LIBERTÉ. VERTU. ÉGALITÉ.

La municipalité de Turin au citoyen Boutrouë, chef de la 68e demi-brigade de bataille.

A la maison municipale, ce 22 ventôse an 7e républicain, premier de la Liberté piémontaise (12 mars 1799 v. s.).

La voix de la Patrie vous rappelle, citoyen, à vos fonctions primitives; elle ne vous permet plus de partager votre activité à la commune de Turin.

L'entrée de la 68e demi-brigade dans Turin formera toujours une époque consolante aux amis de la Liberté ; son chef aura toujours des droits à l'estime et à la reconnaissance de la municipalité.

Elle n'oubliera pas que quand Boutrouë veillait pour la tranquillité, les réjouissances publiques ne laissaient craindre aucun événement funeste ; elle n'oubliera pas que les soins et les mesures actives ont éventé les espérances des ennemis du bien-être commun et individuel.

L'abandon des droits attachés à la place vous assure d'autres droits à l'estime et à la reconnaissance de la municipalité ; elle désirerait de pouvoir donner à ses sentiments la plus grande publicité. Sa situation et votre délicatesse ne lui permettent pas de vous le prouver autrement.

Les vœux de la municipalité de Turin vous accompagneront dans la carrière de l'honneur et feront écho à ceux que votre dévouement à la cause de la République vous auront mérités.

Salut et fraternité.

RIVA, *président.*
GIOBERTI.

32

LIBERTÉ. VERTU. ÉGALITÉ.

Le Gouvernement provisoire piémontais au citoyen Boutrouë, chef de la 68e *demi-brigade de bataille, commandant la place.*

Turin, du Palais national, le 18 ventôse an 7e de la République française.

Citoyen commandant,

Le Gouvernement apprend avec peine, citoyen, la perte qu'il fait de vous dans l'exercice honorable de vos fonctions de commandant de cette place.

La tranquillité que vous y avez constamment maintenue et le bon ordre qui y a régné méritent les regrets du Gouvernement, qui vous prie d'en agréer le témoignage et qui ne saurait assez rendre les éloges qui vous sont dus sous tous les rapports.

Salut républicain.

BERTOLOTTI, *président ;*
PELLISSIER, *sous-secrétaire général.*

33

ARMÉE D'ITALIE.
—
Division du centre.

Au quartier général à Alexandrie, le 21 floréal an VII de la République française.

LIBERTÉ. ÉGALITÉ.

Victor Perrin, général de division, au chef de brigade de la 68e.

Je vous préviens, citoyen commandant, que je vous ai choisi pour commander le corps de réserve de ma division. Il est composé du bataillon de Polonais qui se trouve dans Alexandrie, du 2e bataillon de la 68e demi-brigade, du 18e régiment de cavalerie et de 4 pièces de canon.

Vous l'assemblerez aujourd'hui à midi sur la place de cette ville pour partir et vous rendre en bon ordre à *Villa del foro*, où il restera cantonné jusqu'à nouvel ordre.

VICTOR.

34

ARMÉE DE L'OUEST

Au quartier général à La Rochelle, le 19 prairial de l'an VIII de la République française, une et indivisible.

LIBERTÉ. ÉGALITÉ.

Beaufort, général commandant la subdivision de la Charente-Inférieure.

Le général se rend à Saintes, y étant appelé par le général Hédouville, lieutenant du général en chef. Il charge, pendant son absence, du commandement de la subdivision, le chef de brigade Boutrouë. Cet officier est autorisé, en conséquence, à décacheter toutes les lettres à l'adresse du général, venant des îles et autres arrondissements.

Le citoyen Boutrouë aura soin d'envoyer à Saintes une ordonnance pressée dans le cas où il surviendrait quelque chose d'extraordinaire.

Le présent sera lu à l'ordre, afin que tous les officiers composant la garnison en soient prévenus.

BEAUFORT.

35

.MÉE DE L'OUEST
—
12e division.

Au quartier général à Nantes, le 2e jour complémentaire de l'an VIII de la République.

LIBERTÉ. ÉGALITÉ.

Le général de division Chabot, commandant la 12e division militaire, au citoyen Boutrouë, chef de brigade chargé de la levée des réquisitionnaires et conscrits.

J'ai reçu, citoyen, votre lettre en date du 23 fructidor, par laquelle vous m'annoncez sous peu l'envoi total des pièces relatives au travail dont vous êtes chargé.

Je ne puis vous dissimuler que parmi celles que vous m'avez fait passer jusqu'à présent j'ai remarqué que vous aviez accordé avec une trop grande facilité des congés provisoires (à des citoyens non indigents et incapables de servir), sur le simple versement de 300 francs.

Cependant, la loi est formelle; elle n'ouvre la faculté de verser 300 francs qu'à ceux qui étaient porteurs de congés ou d'exemptions définitives à l'époque de la loi du 17 ventôse.

J'ignore, citoyen, ce qui a pu vous déterminer à admettre au versement des 300 francs les citoyens qui ne se trouvent pas dans ce cas, surtout après avoir reçu de moi les ordres du ministre de la guerre contenus dans sa lettre du 5 messidor.

Le préfet n'avait aucunement le droit de modifier ces dispositions, et je prévois que l'inexécution des ordres du ministre nécessitera, pour ainsi dire, un second travail.

Pour vous mettre à même de terminer votre mission aussitôt que le contingent d'hommes demandé par le gouvernement sera fourni et pouvoir vous employer au conseil de guerre de la division, je prends le parti de renvoyer les pièces qui ne sont point en ordre au préfet du département, qui sera chargé d'ordonner aux réquisitionnaires et conscrits de se conformer à mes décisions.

Je vous salue,

CHABOT.

36

LIBERTÉ. ÉGALITÉ.

Saintes, le 13 brumaire an IX de la République française, une et indivisible.

Le Préfet du département de la Charente-Inférieure au citoyen Boutrouë, chargé de la levée des réquisitionnaires et conscrits.

J'accepte bien volontiers et avec beaucoup d'empressement, citoyen commandant, l'assurance que vous me donnez de vous entretenir quelquefois avec moi. J'attache infiniment de prix à votre estime et à votre confiance, et la plus grande preuve que vous puissiez m'en donner, c'est de me fournir l'occasion de vous prouver à mon tour la haute considération que vous m'avez inspirée.

Les opérations auxquelles vous vous êtes livré sous mes yeux ont mérité plus d'une fois mon approbation, et plus d'une fois aussi je me suis empressé de faire connaître au Ministre de la guerre les succès que vous avez obtenus.

Je vous salue cordialement,

FRANÇOIS.

37

ARMÉE DE L'OUEST
—
DIVISION MILITAIRE.

Au quartier général à Nantes, le 14 ventôse an IX de la République.

LIBERTÉ. ÉGALITÉ.

Le général de division Chabot, commandant la 12e division militaire, au chef de brigade Boutrouë.

Les dispositions prises par le Gouvernement appelant l'adjudant commandant Lantal dans la 22e division militaire, je vous préviens, citoyen commandant, que je vous ai choisi pour le remplacer provisoirement dans le commandement de la Loire-Inférieure, en attendant l'arrivée de l'adjudant commandant Fabre, qui m'est annoncé.

En conséquence, vous voudrez bien vous rendre auprès du brave général Lantal, qui mérite à tous égards nos regrets, pour recevoir de lui tous les papiers et renseignements relatifs à ce commandement.

Je suis flatté de trouver cette occasion, citoyen commandant, de vous donner une nouvelle preuve de ma confiance et de mon estime.

Je vous salue,

CHABOT.

38

Au quartier général à La Rochelle, le 26 messidor an IX de la République.

Le général de division Chabot, commandant la 12e division militaire, au chef de brigade Boutrouë, à Nantes.

En exécution des dispositions du général en chef, vous voudrez bien, citoyen chef, remettre à l'adjudant commandant Lantal le commandement de la subdivision de la Loire-Inférieure que je vous avais confié provisoirement. Vous lui remettrez également tous les ordres et papiers y relatifs.

Je saisis cette occasion pour vous témoigner ma satisfaction de la manière distinguée dont vous vous êtes acquitté de cet emploi. Vous continuerez de remplir les fonctions de président du 1er conseil de guerre.

Je vous salue,

CHABOT.

39

Au quartier général de Nantes, le 11 prairial an XI.

Ricard, adjudant commandant, chef de l'état-major de la 12e division militaire, au citoyen Boutrouë, chef de la 68e demi-brigade, président du 1er conseil de guerre.

Sur votre demande, citoyen chef, et d'après les motifs que vous opposez, le général de division vient de pourvoir à votre remplacement dans les fonctions de président du 1er conseil de guerre.

Il me charge de vous transmettre les témoignages de sa satisfaction pour la manière infiniment distinguée avec laquelle vous avez rempli ces fonctions. Il aurait désiré que les intérêts de votre corps vous eussent permis de les prolonger encore.

Agréez les assurances de mes sentiments affectueux

RICARD.

40

Au quartier général de Nantes, le 21 vendémiaire an XI.

Ricard, adjudant commandant, chef de l'état-major de la 12e division militaire, au chef de brigade Boutrouë, commandant la 68e demi-brigade.

En me chargeant de vous transmettre l'ordre ci-joint, mon cher commandant, le général de division me charge de vous assurer que l'absence à laquelle il vous oblige sera au plus de quinze jours.

Il s'agit d'une affaire majeure renvoyée par le tribunal de cassation à un conseil de guerre et dans laquelle les deux présidents des deux conseils ne peuvent juger, attendu qu'ils sont l'un et l'autre mariés dans le pays.

Vos lumières et l'expérience que vous avez acquise dans la jurisprudence militaire pendant un long exercice, ont fait tomber sur vous le choix du général de division. Il en prévient le Ministre de la guerre et lui fait part de ses motifs qui sont tous extrêmement flatteurs pour vous.

Pour ce qui me regarde, je serai fort aise que cette circonstance me fournisse l'occasion de vous revoir.

Recevez l'assurance de mon estime et de mes sentiments affectueux.

RICARD.

P. S. Je viens de quitter votre chef de bataillon qui revient de Saint-Domingue ; il part demain pour Paris. Il m'a chargé de vous présenter ses respects.

41

LIBERTÉ. ÉGALITÉ.

Au quartier général de La Rochelle, le 24 vendémiaire an XI de la République française.

Fuzier, général de brigade, au chef de brigade Boutrouë, à l'isle de Ré.

Je viens de recevoir une lettre du chef de l'état-major divisionnaire qui me donne avis qu'il vous écrit par le même courrier de vous rendre à Nantes, par ordre du général Dumuy, pour présider un conseil de guerre dont l'affaire est renvoyée devant ce tribunal par celui de cassation. Il me prescrit aussi que l'intention du général est de vous renvoyer à votre poste actuel aussitôt le jugement rendu.

Vous voudrez bien, d'après ces dispositions, remettre le commandement de la place à un chef de bataillon à votre choix et vous rendre à Nantes pour les fonctions auxquelles vous êtes appelé. Je vous verrai revenir avec autant de plaisir que j'ai de peine à vous voir vous absenter. Je vous observe que les chefs de brigade qui ont présidé l'affaire dont il s'agit sont récusables et que l'expérience consommée, en matière de jurisprudence militaire, que le général Dumuy vous connaît, l'a décidé à vous appeler audit conseil.

Je vous salue,

FUZIER.

42

MINISTÈRE
DE LA GUERRE.

Paris, le 17 vendémiaire an XII de la République.

Le Ministre de la guerre, au citoyen Boutrouë, colonel du 68e régiment.

Le bien du service a nécessité, citoyen, quelques changements dans l'organisation de l'armée.

Le régiment que vous commandez va être incorporé dans le 56e régiment.

Ces changements ont fourni au gouvernement l'occasion de vous donner un nouveau témoignage de sa confiance et de la satisfaction qu'il éprouve de vos services : il vous a nommé colonel de ce régiment qui sera composé de 4 bataillons.

Je donne avis de votre nomination au Conseil d'administration et lui mande de vous faire recevoir dans l'emploi qui vous est conféré.

Je vous salue,

AL. BERTHIER.

43

Du quartier général de Boulogne, le 17 octobre 1803.

Ordre.

L'armée est prévenue que, d'après l'arrêté du gouvernement du 1er de ce mois, et conformément à l'ordre du Ministre de la guerre, en date du 17 vendémiaire, les demi-brigades d'infanterie de ligne et légère, prendront la dénomination de régiments, en conservant leurs numéros.

Dans tous les régiments, soit d'infanterie, soit de troupes à cheval, le chef de bataillon ou d'escadron, chargé du détail, sera remplacé par un major, *dont le grade sera intermédiaire entre celui de colonel et celui de chef de bataillon ou d'escadron.*

Le major aura pour marques distinctives de son grade, dans l'infanterie de ligne et légère, les carabiniers, cuirassiers et dragons, deux épaulettes de colonel, le fond de l'épaulette et la frange seront de métaux différents, la frange sera toujours de même métal que les boutons ; dans les chasseurs et hussards, il aura pour marques distinctives, cinq chevrons, dont quatre de 4 lignes et un de 9, placé dans le milieu des quatre autres ; ce dernier sera d'un métal différent.

Le major sera spécialement chargé des détails de l'instruction, de la tenue, de la discipline, de la police et de la comptabilité du corps et des compagnies, il sera dépositaire des contrôles, il remplira, au Conseil d'administration, les fonctions de rapporteur, même lorsqu'il le présidera, et commandera le régiment en l'absence du colonel.

BONAPARTE.

44

MINISTÈRE
DE LA GUERRE.

Paris, le 22 frimaire an XII de la République.

Le Ministre de la guerre, au citoyen Boutrouë, colonel du 56e régiment d'infanterie de ligne.

Je vous annonce avec plaisir, citoyen, que le Premier Consul vous a choisi pour commander les 3e et 4e bataillons de grenadiers de la réserve ; ces bataillons sont tirés des 56e et 58e régiments de ligne et seront commandés, sous vos ordres, par les chefs de bataillon Hersan et Chemineau.

Vous reconnaîtrez dans le nouveau poste qui vous est confié un témoignage de la satisfaction que le gouvernement éprouve de votre dévouement et de vos services.

Vous voudrez bien vous rendre sans délai à Arras et m'informer de votre départ.

Je vous salue,

Al. BERTHIER.

45

Paris, le 20 frimaire an XII.

Le Grand Chancelier de la Légion d'honneur au citoyen Boutrouë, colonel du 56e régiment de ligne, à Genève.

Le Grand Conseil de la Légion d'honneur vient de vous nommer membre de cette Légion.

Je m'empresse et me félicite vivement, citoyen colonel, de vous annoncer ce témoignage de l'estime du Grand Conseil et de la reconnaissance nationale.

J'ai l'honneur de vous saluer,

LACÉPÈDE.

P. S. Je vous invite, citoyen, à prêter le serment prescrit par la loi, et dont j'ai l'honneur de vous envoyer la formule, devant le tribunal le plus voisin du lieu où vous recevrez ma lettre.

Si le service public ou votre santé s'y oppose, vous voudrez bien m'envoyer le serment signé de vous.

46

GRANDE CHANCELLERIE DE LA LÉGION D'HONNEUR.

Formule du serment.

Je jure, sur mon honneur, de me dévouer au service de la République, à la conservation de son territoire ; à la défense de son Gouvernement, de ses lois et des propriétés qu'elles ont consacrées ; de combattre, par tous les moyens que la justice, la raison et les lois autorisent, toute entreprise tendante (*sic*) à rétablir le régime féodal, à reproduire les titres et qualités qui en étaient l'attribut ; enfin de concourir de tout mon pouvoir au maintien de la Liberté et de l'Égalité.

47

Paris, 26 prairial an XII.

Le Grand Chancelier de la Légion d'honneur à Monsieur Boutroue, colonel du 56e régiment d'infanterie de ligne, officier de la Légion d'honneur.

L'Empereur, en Grand Conseil, vient de vous nommer, Monsieur, officier de la Légion d'honneur.

Je m'empresse de vous annoncer ce témoignage particulier de la bienveillance de Sa Majesté Impériale et de la reconnaissance de la Nation.

LACÉPÈDE.

48

Paris, le 20 fructidor an XII.

Le Ministre de la guerre au colonel du 56e régiment d'infanterie.

Je vous préviens, Monsieur, que l'intention de l'Empereur est que vous retourniez à votre régiment pour veiller par vous-même à sa réorganisation.

Vous voudrez bien, en conséquence, vous rendre de suite, à cet effet, à Genève et m'informer de votre arrivée dans cette place.

Je préviens de cette disposition le général Junot, commandant la division de grenadiers de la réserve et le général commandant la 7e division militaire.

Je vous salue avec considération,

Maréchal BERTHIER.

49

Observations sur la réunion de la Ligurie à l'Empire.

Le Sénat de la Ligurie a voté la réunion de cet État à l'Empire français. L'acte du Sénat a été soumis à la sanction du peuple et des adresses, souscrites par quatre-vingt mille citoyens, ont sanctionné le vœu unanime de leurs premiers magistrats.

Il faut observer que la population de l'État de Gênes ne s'élève guère au delà de quatre cent mille âmes. Le nombre des votants, abstraction faite des femmes et des enfants, renferme donc la totalité de la population génoise.

Les considérations qui motivent la résolution du Sénat sont remarquables. Ces magistrats observent que l'indépendance, quand elle n'est pas fondée sur une force capable de protéger le commerce, seule ressource d'un État tel que celui de Gênes, est un bien illusoire ;

Que la France, depuis surtout que le Piémont fait partie de

cet Empire, est la seule puissance qui soit capable de protéger la Ligurie et qu'il n'y a que l'incorporation qui puisse offrir un motif assuré d'espérer et d'obtenir une suffisante protection ;

Que le refus fait par le gouvernement anglais aux négociations d'Amiens, de reconnaître l'indépendance de la Ligurie, a été pour cette République le présage de dangers et de maux sans cesse renaissants pour son commerce, et a dû lui faire pressentir que dans le temps même où toutes les nations seraient en paix, il n'y aurait pour elle ni repos, ni droits, ni sécurité ;

Que les mers lui étant interdites par l'inimitié de l'Angleterre, et son commerce par terre étant nécessairement gêné par la complication des intérêts concurrents des États voisins, elle n'avait qu'un moyen de reprendre la part que la nature lui donnait aux bienfaits de lindustrie générale, en associant pour jamais son commerce et sa destinée au commerce et à la destinée de l'Empire français.

Après cet exposé, le Sénat décrète le vœu de la réunion, sous la réserve des droits et des intérêts essentiellement inhérents aux habitudes de son état passé et aux circonstances de sa position locale.

Ce développement exprime fidèlement les vues qui ont guidé dans cette circonstance le Sénat et le peuple de la Ligurie. Ce qui en résulte évidemment, c'est que le vœu national n'a pu être le résultat d'une inspiration, puisqu'il est fondé sur les intérêts les plus graves, sur des besoins qui devenaient de jour en jour plus pressants et sur des maux passés et présents que toutes les classes des habitants de la Ligurie ont amèrement sentis et auxquels ni individuellement ni collectivement ils ne peuvent porter de remède.

La Ligurie est un État sans domaine ; son territoire est un rivage et des rochers ; son véritable patrimoine est une industrie qui ne peut s'exercer que sur la mer. La Ligurie ne peut donc avoir d'existence si elle n'est pas capable de défendre les droits naturels de sa navigation contre les prétentions d'un peuple qui se croit fondé à commander en maître sur toutes les mers et à interdire, selon sa fantaisie, l'entrée et la sortie des ports aux vaisseaux des nations neutres.

La Ligurie est le port du Piémont ou de tout autre territoire dont la population, les revenus et la force enfin, résultat du bon emploi et de ces moyens de puissance, peuvent protéger l'industrie des commerçants et des matelots qui peuplent ses villes et habitent sur ses rivages.

Si le droit maritime protégeait les États faibles, Gênes pourrait exister sur les bords de la mer comme Lucques, comme Francfort, comme tel autre État d'Allemagne peuplé de vingt ou trente mille âmes et défendu par deux ou trois cents miliciens, existent au sein du continent et environnés des plus puissants voisins. Mais l'Angleterre, ne voulant pas reconnaître un tel droit, condamne les petits États maritimes à s'affranchir d'une position misérable et précaire et à s'incorporer dans les nations territoriales du continent.

La France a-t-elle désiré cette incorporation ? Il y avait une autre question à faire. La France accédera-t-elle au vœu de l'incorporation ? Cette question était indécise le jour où le Doge et le Sénat ont présenté à Sa Majesté Impériale le vœu de leurs concitoyens, et cette indécision suffit pour résoudre négativement et péremptoirement celle qui précède.

Sa Majesté a donné aux Liguriens les espérances les plus flatteuses, les plus conformes à leurs désirs ; mais tout ce qui vient d'être dit est suffisant pour prouver que le jour où elle accédera pleinement au vœu des Liguriens, elle ne pourra être déterminée ni par des motifs d'intérêt, ni par des motifs de puissance.

La Ligurie est le pays le plus stérile de l'Europe ; elle est principalement peuplée de marins qui, dans tous les temps, ont servi de préférence dans la marine militaire et commerçante de la France. L'Empereur n'a pas besoin d'être le maître à Gênes pour avoir à sa disposition tous les matelots de la Ligurie. Le penchant naturel et immémorial des Génois les porte à s'engager au service maritime de la France, et la tyrannie de l'Angleterre ne leur laisse pas de choix entre ce penchant et une autre manière d'exercer leur industrie.

L'État de Gênes ne fournira pas un soldat à l'armée française. Le Sénat n'avait pas besoin de faire de cette considération l'objet d'une clause de son décret, car elle était dans la nature même des circonstances intérieures de la Ligurie. Mais elle en devient plus sensible et plus frappante ; elle désintéresse toutes les nations qui acquièrent à la première vue la preuve que cette incorporation est de toute indifférence et pour la France elle-même et pour tous les États du continent.

Quand il ne serait pas vrai qu'avant la réunion et par l'effet des principes maritimes de l'Angleterre, tous les matelots de la Ligurie n'ont d'autres ressources pour échapper à la misère que de s'engager volontairement dans la navigation française ; quand, enfin, c'est à cette réunion que la France devrait le service d'un surcroît de population maritime, quel serait le motif de jalousie pour les États du continent? Quel intérêt ont-ils au succès des prétentions maritimes de l'Angleterre? Ces prétentions ne sont-elles pas en opposition avec leurs propres droits, avec leurs propres intérêts? N'y a-t-il pas une opposition établie entre la navigation et l'indépendance collectivement considérées de tous les États du continent, et le droit maritime de l'Angleterre?

Les États d'Europe peuvent être mutuellement jaloux de tout degré nouveau d'accroissement acquis par l'un d'eux dans le système de la puissance territoriale. Sous ce rapport, l'acquisition de Gênes, quand elle sera consacrée par l'acceptation de l'Empereur, sera pour la France une charge et non un accroissement de puissance : elle perdra dans le produit de ses douanes, elle perdra dans un emploi considérable de forces qui devront servir à protéger sur toutes les mers un commerce désarmé, elle perdra enfin tout ce qu'il faudra consacrer aux soins d'une surveillance et d'une conservation dispendieuses. L'Empereur acceptant la Ligurie, le continent lui sera redevable d'avoir préservé d'une ruine totale une ville recommandable par de nobles souvenirs et d'avoir rendu à l'industrie une population intéressante, qu'en haine et en jalousie de la prospérité du continent, les Anglais condamnent depuis dix ans à une misérable et honteuse oisiveté.

Quelque forte que soit la volonté des grands hommes, il faut que, comme tout ce qui est humain, elle cède à l'empire du temps. Pourquoi craindrions-nous de dire ce qui n'est ignoré de personne? L'Empereur a voulu vainement que Gênes fût une nation indépendante : sous ses auspices elle a fait trois fois l'essai d'une constitution libre. Mais qu'est-ce qu'une constitution? Qu'est-ce que la liberté pour une nation sans territoire et sans commerce? La nature n'a pas voulu que Gênes eût un territoire; l'Angleterre et les Barbaresques ne veulent pas que sur la Méditerranée il y ait aucun commerce indépendant. Dans leurs maximes il ne doit y avoir de liberté sur cette mer que pour le brigandage. Quelle autre ressource reste-t-il aux Génois que de s'associer à un empire qui a heureusement assez de force pour n'avoir rien à redouter, ni du brigandage des Barbaresques, ni des maximes des Anglais?

50

PLACE D'ALEXANDRIE.

Alexandrie, le 24 brumaire an XIV de la République française, une et indivisible.

LIBERTÉ. ÉGALITÉ.

Les officiers du 4e bataillon et du dépôt du 56e régiment de ligne, à leur brave colonel.

Monsieur le colonel,

Le coup terrible, quoique honorable, qui vous a frappé, a tellement rejailli sur nos cœurs qu'il en a, jusqu'à ce jour, comprimé les élans. Que dire, que faire en pareille circonstance? Peut-être avons-nous gardé le silence trop longtemps, mais nous vous connaissons trop généreux pour n'en accuser que notre sensibilité et notre douleur.

Mais certains aujourd'hui que votre courage a dominé vos souffrances, la reconnaissance nous fait un devoir de venir vous prier de croire à nos vœux de cœur pour la prompte guérison de vos glorieuses blessures et à l'attachement aussi inviolable que respectueux avec lesquels nous sommes pour la vie, Monsieur le colonel,

Vos dévoués serviteurs.

(*Suivent les signatures.*)

51

MINISTÈRE
LA GUERRE.

Paris, 6 pluviôse an XIII.

Le Ministre de la guerre à Monsieur Boutrouë, colonel du 56e régiment de ligne.

Le Conseil d'administration du bataillon d'élite du régiment que vous commandez, Monsieur, m'annonce qu'il est impossible aux officiers de ce bataillon de subvenir à l'entretien des quatorze musiciens que vous lui avez envoyés.

Non seulement ce nombre me paraît trop considérable pour la force de ce bataillon, mais, si je juge par l'envoi de ces musiciens du nombre de ceux qui doivent exister au corps, j'aurai à vous reprocher de jeter les officiers dans des dépenses onéreuses qui peuvent les mettre hors d'état de remplir des besoins plus pressants. D'ailleurs, les frais de musique d'un corps, quelque part où elle soit, divisée ou réunie, doivent être supportés par tous les officiers du corps indistinctement et en proportion de leurs facultés.

Vous voudrez bien, de concert avec le Conseil d'administration, prendre des mesures en conséquence et répartir cette dépense de manière à ce qu'en payant aux musiciens du bataillon d'élite ce qui leur est dû, la retenue à faire sur tous les officiers n'excède pas une journée de solde par mois ; si, pour y parvenir, il est nécessaire de faire des réductions, vous les opérerez, car il faut, avant tout, que les officiers n'éprouvent pas de plus forte retenue sur leur traitement pour cet objet, et vous me rendrez compte de ce que vous aurez fait à cet égard.

Je vous salue avec considération.

Maréchal BERTHIER.

Ministère
de la
Guerre.
RÉPUBLIQUE FRANÇAISE.

TABLE DES MATIÈRES

Pages.

Armée de l'Erguel.

1798.

Armée d'Italie.

1798-1799.

Armée de l'Ouest.

1800-1803.

Séjour à Bourg-en-Bresse, à Genève et à Paris.

(1803-1804.

Armée d'Angleterre.

1804.

Séjour à Paris et à Genève.

1804.

Séjour en Italie.

1805.

Grande Armée. — Aile droite.

1805.

IIe PARTIE

Pages.

Correspondance de service et lettres diverses.

Séjour à Arras en l'an XII.

Séjour à Genève et à Paris en l'an XIII.

Séjour en Italie en l'an XIII.

IIIe PARTIE

Pièces justificatives.

Pièces inédites.

Paris. — Imprimerie L. Baudoin et Ce, 2, rue Christine.

A LA MÊME LIBRAIRIE

L'armée en France. — Histoire et organisation depuis les temps ... nos jours ; par **Dussieux,** professeur honoraire à Saint-Cyr. ... 400 pages.......... 10 ...

Révolution française. — **Les volontaires de la Savoie** (1792-1799) ; par André **Folliet,** député. — *La légion allobroge et les bataillons du Mont-Blanc.* Paris, 1887, 1 vol. in-12 avec 4 planches.......... 4 fr.

Notes sur l'organisation de l'armée pendant la Révolution, 4 août 1789 : 8 brumaire an IV (30 octobre 1795) ; par H. **Choppin,** lieutenant au 3e dragons. Paris, 1873, broch. in-12 de 80 pages.......... 1 fr. 25

La France militaire pendant la Révolution (1789-1798) ; par **Quarré de Verneuil,** capitaine d'état-major. Paris, 1878, 1 vol. in-8.......... 2 fr. 50

Le recrutement de l'armée pendant la Révolution et l'Empire ; par **Quarré de Verneuil,** commandant d'état-major. Paris, 1881, broch. in-8.......... 1 fr.

Les bureaux de la guerre sous la Terreur ; par **M. L.** Paris, 1887, broch. in-8.......... 75 c.

L'administration militaire pendant la Révolution (1789 à 1800) ; par M. V. **Laurent-Chirlonchon,** sous-intendant militaire. Paris, 1873, broch. in-8.......... 75 c.

Souvenirs de la campagne de 1792 ; par James **Money ;** traduit de l'allemand par P. Mérat. Paris, 1849, 1 vol. in-8.......... 4 fr. 50

Un général de Sambre-et-Meuse. — **Mémoires militaires du général Jean Hardy** (1792-1802). — La Meuse. — La Moselle. — Le Rhin. 1 vol. in-8 avec portrait et 4 cartes.......... 7 fr.

Les armées de Sambre-et-Meuse et du Rhin ; par Claude **Desprez.** 1 vol. in-12 avec 5 cartes.......... 2 fr. 50

Bibliothèque nationale. — Les hommes de la République et de l'Empire ; par Claude **Desprez.**

— **Les guerres de la Vendée.** Paris, 1856, 1 vol. in-18 avec carte.......... 1 fr. 50

— **Les armées de Sambre-et-Meuse et du Rhin.** Paris, 1884, 1 vol. in-18.......... 2 fr. 50

— **Lazare Hoche,** d'après sa correspondance et ses notes. Paris, 1880, 1 vol. in-12.......... 2 fr. 50

— **Kléber et Marceau.** Paris, 1889, 1 vol. in-12 avec cartes.......... 3 fr. 50

Histoire de Desaix (armées du Rhin, expédition d'Orient, Marengo), d'après les archives du dépôt de la guerre ; par M. F. **Bonnal,** conservateur des archives du dépôt de la guerre. Paris, 1881, 1 vol. in-8.......... 5 fr.

Lazare Carnot ; par Léon **Hennet,** sous-chef aux archives de la guerre. Paris, 1887, broch. in-8.......... 50 c.

Notice historique sur La Tour-d'Auvergne, premier grenadier de France ; par F. **Galohar.** Paris, 1841, 1 vol. in-12.......... 1 fr. 50

Paris. — Imprimerie L. Baudoin et Ce, 2, rue Christine.

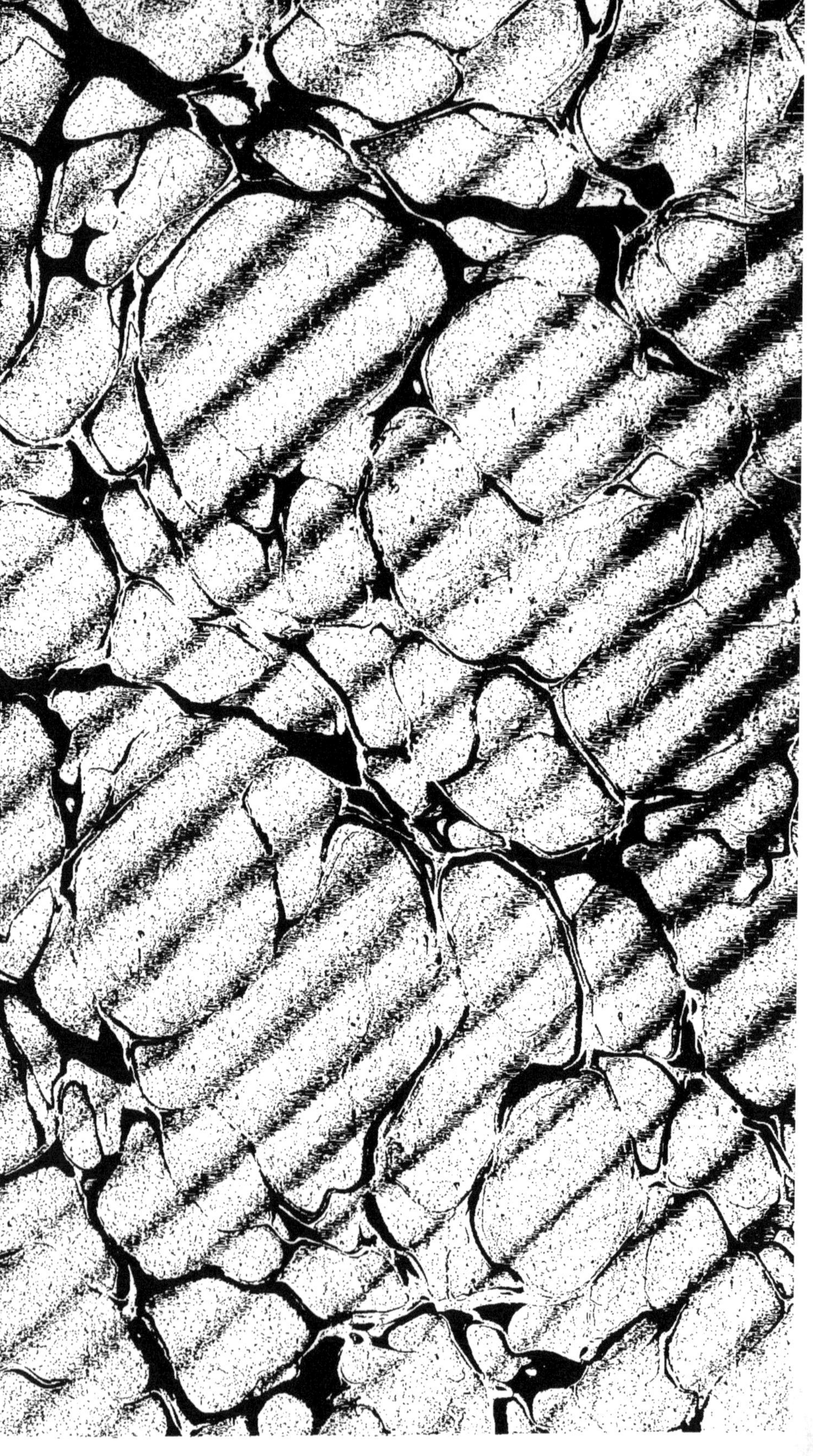

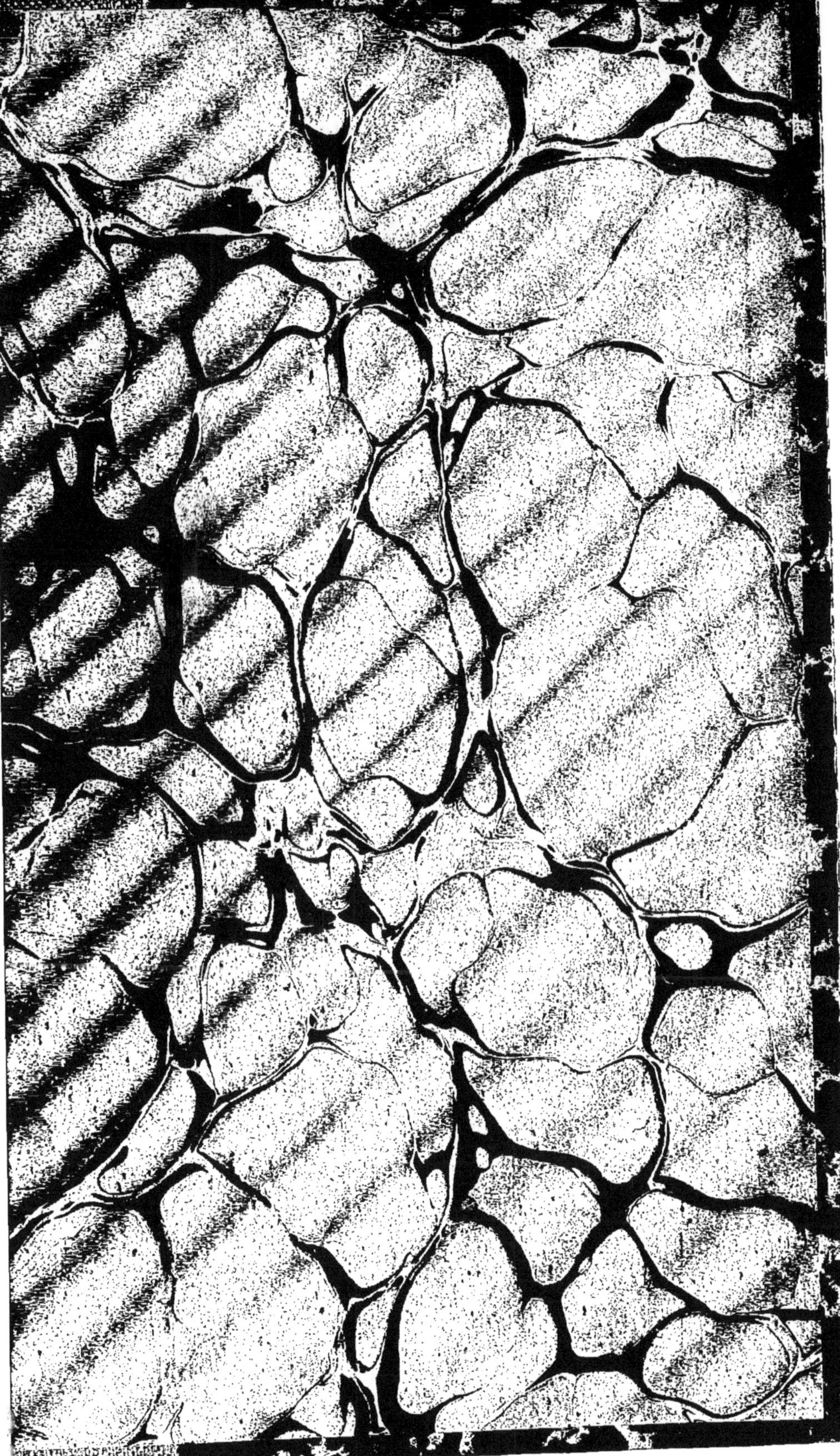

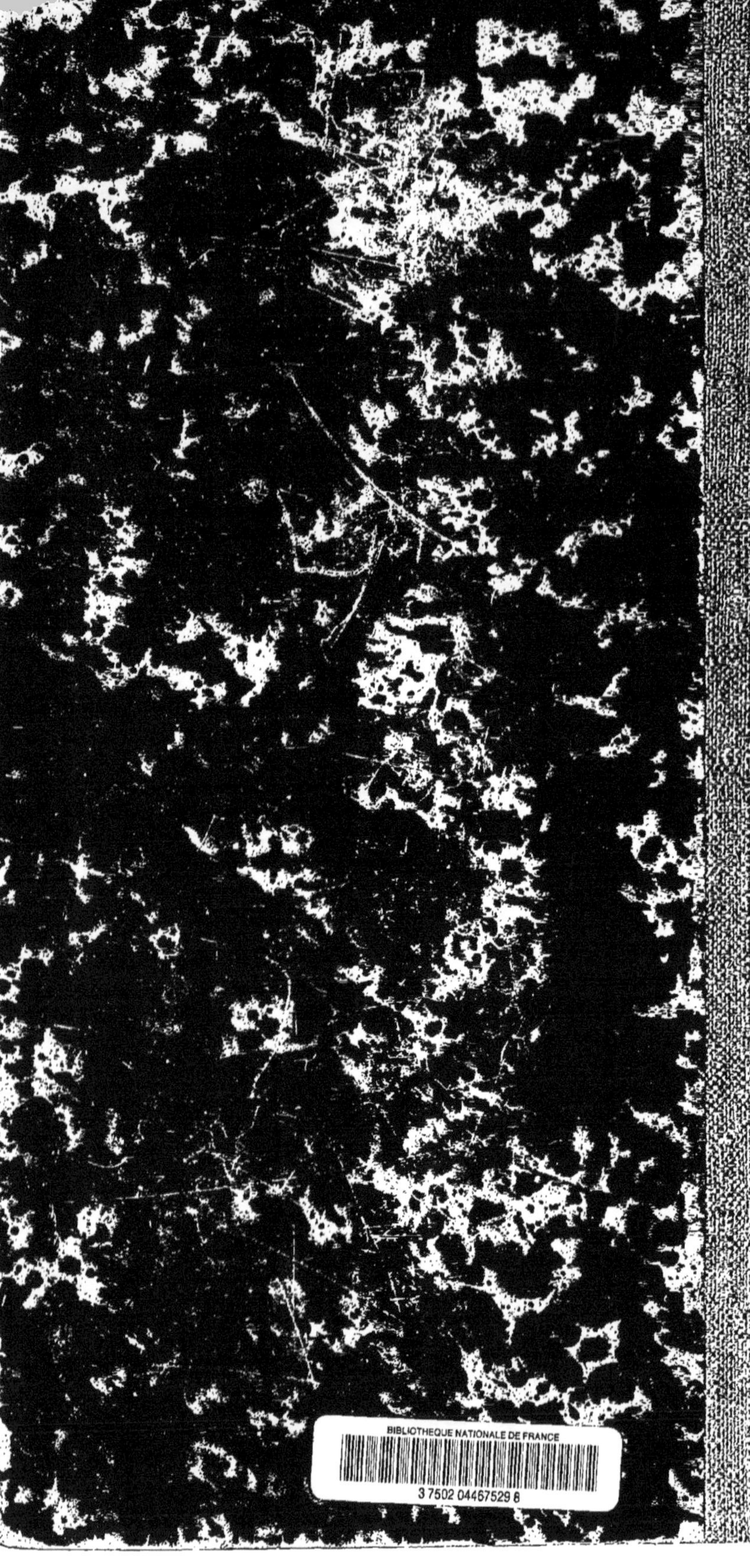

www.ingramcontent.com/pod-product-compliance
Ingram Content Group UK Ltd.
Pitfield, Milton Keynes, MK11 3LW, UK
UKHW020451200726
13857UKWH00002B/658